高等学校本科生适用教材

信息素养通识教育

主　编　邹　瑜
副主编　李汉宁　李　杨

国防工业出版社
·北京·

内 容 简 介

本书全面、系统地介绍了信息、文献、信息检索、数据库、知识管理等的基础理论和基本方法。在阐述信息素养相关知识的基础上，由浅入深地介绍了文献的基本理论以及信息检索的工具、流程与技术，随后介绍了图书、中文学术数据库、特种文献、数据等常用的检索工具和检索方法，同时介绍了知识管理的相关内容与工具、学位论文的写作流程与规范等。全书简明扼要、由浅入深、案例丰富，旨在帮助读者提高信息意识，培养终身学习能力。

本书可作为高等院校本科生信息检索、信息素养类课程的教材或教学参考书，也可供致力于提升信息素养的各类读者学习、参考。

图书在版编目(CIP)数据

信息素养通识教育 / 邹瑜主编；李汉宁，李杨副主编 .—北京：国防工业出版社，2024.10.
ISBN 978-7-118-13442-1

Ⅰ . G254.97

中国国家版本馆 CIP 数据核字第 2024JJ9031 号

※

国防工业出版社出版发行
（北京市海淀区紫竹院南路23号　邮政编码100048）
北京凌奇印刷有限责任公司印刷
新华书店经售

*

开本710×1000　1/16　印张11¾　字数209千字
2024年10月第1版第1次印刷　印数1—1500册　定价72.00元

（本书如有印装错误，我社负责调换）

国防书店：(010)88540777　　书店传真：(010)88540776
发行业务：(010)88540717　　发行传真：(010)88540762

本书编委会

主　编　邹　瑜
副主编　李汉宁　　李　杨
编　委（按姓氏拼音排列）
　　　　　丁　鑫　　李丹浓　　李灵慧　　卢艺丰
　　　　　詹刘寒　　张伟丽

前 言

随着信息技术的飞速发展以及信息革命的不断深化,当今社会已进入信息时代。信息的爆发式增长给人们提供了丰富的信息资源和信息服务,大大拓展了人类的信息空间。面对海量的信息,如何高效、准确地查找所需资源,有效排除信息过载的干扰,是每个人在学习、生活和工作中都无法回避的问题。具有较高的信息素养已成为个人适应社会发展必备的基本素质。

在当今信息社会中,信息素养教育日趋重要,逐渐受到社会各界的关注与重视。目前,大部分高校通过开设"文献检索""信息检索"等课程面向学生开展信息素养教育,目的是帮助学生更好地使用各种信息检索系统,提升信息检索和信息利用能力,信息素养教育已成为学校教育和终身教育的基本构成。

本书是编者在总结多年信息素养教育实践经验的基础上,结合本科生学习特点以及当下信息素养教育现状编写而成,旨在帮助本科生转变信息观念,提高信息意识,提升信息技能,遵守信息伦理,培养终身学习能力。

本书共9章,主要包括三个部分。第一部分"信息素养基础知识",包括1~2章,主要介绍信息素养的基本内容和评估标准、文献的基础知识及信息检索的工具、流程与技术等;第二部分"信息检索与利用",包括3~7章,主要介绍图书、中文学术论文数据库、特种文献、数据等的基础知识及常用的检索工具和检索方法;第三部分"知识管理与学位论文写作",包括8~9章,主要介绍知识管理的基础知识及工具、学位论文的写作流程及规范等。全书结构清晰、由浅入深,内容简明扼要、案例丰富,有较强的针对性和实用性,易于学生理解和掌握。

本书在编写过程中,参考了国内外相关的书籍、论文和网络资料,并从中获得了灵感和启示,但由于篇幅有限,未能在书中一一列出,在此谨向各位专家学者致歉并表示衷心的感谢!

最后，由于信息资源的日益丰富和检索技术的不断更新，也由于编者学识、水平有限，加之时间仓促，书中难免存在疏漏和不足之处，恳请广大读者批评指正，以便不断改进。

编　者

2023年12月

目　录

第1章　认识信息素养 … 1
　1.1　信息素养的内涵 … 1
　　1.1.1　信息素养的概念与定义 … 1
　　1.1.2　信息素养相关概念 … 2
　1.2　信息素养的重要性 … 4
　　1.2.1　信息素养与终身学习 … 4
　　1.2.2　信息素养与21世纪核心素养 … 5
　1.3　信息素养的组成要素 … 7
　　1.3.1　信息意识 … 7
　　1.3.2　信息知识 … 7
　　1.3.3　信息应用能力 … 8
　　1.3.4　信息伦理与安全 … 8
　1.4　信息素养的评估标准 … 8
　　1.4.1　美国高等教育信息素养能力标准 … 9
　　1.4.2　美国高等教育信息素养框架 … 10
　　1.4.3　北京地区高校信息素质能力指标体系 … 15
　1.5　高等院校信息素养教育 … 20
　　1.5.1　高校图书馆的信息素养教育职能 … 20
　　1.5.2　国内高校图书馆开展信息素养教育现状 … 21
　　1.5.3　国内高校信息素养教育不足 … 22
　　1.5.4　促进国内高校信息素养教育发展的思考与对策 … 23

第2章　文献信息检索基础知识 … 25
　2.1　认识文献 … 25
　　2.1.1　文献的含义 … 25
　　2.1.2　文献的类型 … 25

2.1.3 文献的重要作用 …………………………………… 28
2.1.4 文献的著录特征及其识别 ………………………… 29
2.2 信息检索的概念和原理 …………………………………… 30
2.3 信息源与信息检索工具 …………………………………… 31
2.3.1 信息源 ……………………………………………… 31
2.3.2 信息检索工具 ……………………………………… 31
2.4 信息检索的流程与技术 …………………………………… 32
2.4.1 信息检索流程 ……………………………………… 32
2.4.2 信息检索技术 ……………………………………… 33

第3章 图书信息检索 …………………………………………… 35
3.1 文献分类法 ………………………………………………… 35
3.1.1 分类法的概念 ……………………………………… 35
3.1.2 分类法的结构 ……………………………………… 35
3.1.3 中图法 ……………………………………………… 36
3.2 图书的编号 ………………………………………………… 36
3.3 馆藏图书的查询与利用 …………………………………… 38
3.3.1 OPAC系统介绍 …………………………………… 38
3.3.2 馆藏查询与借阅 …………………………………… 38
3.4 电子图书的查询与利用 …………………………………… 38
3.4.1 常见电子书格式 …………………………………… 38
3.4.2 电子书数据库 ……………………………………… 39
3.4.3 电子书的利用 ……………………………………… 39

第4章 中文学术论文数据库检索与利用 ……………………… 40
4.1 学术数据库 ………………………………………………… 40
4.1.1 学术数据库概念 …………………………………… 40
4.1.2 学术数据库的特点 ………………………………… 40
4.1.3 学术数据库的种类 ………………………………… 41
4.1.4 学术数据库的访问权限 …………………………… 41
4.2 中文三大学术论文数据库 ………………………………… 42
4.2.1 中国知网（CNKI）………………………………… 42
4.2.2 万方 ………………………………………………… 49
4.2.3 维普 ………………………………………………… 51

第5章 特种文献

5.1 特种文献的定义与类型 ... 57
- 5.1.1 特种文献的定义 ... 57
- 5.1.2 特种文献的类型 ... 57

5.2 专利文献的检索 ... 57
- 5.2.1 专利及专利文献 ... 57
- 5.2.2 专利文献的特点 ... 58
- 5.2.3 国际专利分类法 ... 58
- 5.2.4 国内外专利文献的检索 ... 59

5.3 标准文献的检索 ... 63
- 5.3.1 标准文献的含义 ... 63
- 5.3.2 标准的类型 ... 63
- 5.3.3 国内标准文献的检索 ... 64

5.4 学位论文的检索 ... 70
- 5.4.1 学位论文的特点 ... 70
- 5.4.2 国内外学位论文的检索 ... 71

5.5 会议文献的检索 ... 76
- 5.5.1 会议文献的特点 ... 76
- 5.5.2 国内外会议文献的检索 ... 77

5.6 其他特种文献检索 ... 80
- 5.6.1 科技报告 ... 80
- 5.6.2 政府出版物及检索 ... 84

第6章 专题数据检索

6.1 认识数据及数据检索 ... 89
- 6.1.1 数据、数据资源、数据集 ... 89
- 6.1.2 数据的应用 ... 90
- 6.1.3 获取数据的渠道 ... 90

6.2 统计数据检索 ... 91
- 6.2.1 各级统计局和政府各部委网站上的统计数据 ... 91
- 6.2.2 国内外数据开放平台 ... 91

6.3 法律信息检索 ... 93
- 6.3.1 法律法规检索 ... 93
- 6.3.2 裁判文书检索 ... 96

6.3.3 司法执行信息检索 · 97
6.3.4 庭审直播录播视频检索 · 98
6.4 教育数据检索 · 99
6.5 医疗健康数据 · 102

第7章 网络信息资源与搜索引擎 · 105
7.1 网络信息资源概念、特点、类型 · 105
7.1.1 网络信息资源概念 · 105
7.1.2 网络信息资源特点 · 105
7.1.3 网络信息资源类型 · 106
7.2 搜索引擎概述 · 106
7.2.1 搜索引擎的概念 · 106
7.2.2 搜索引擎的发展历程 · 106
7.2.3 搜索引擎的组成和工作原理 · 107
7.2.4 搜索引擎的类型 · 109
7.3 搜索引擎检索功能 · 110
7.3.1 简单检索功能 · 110
7.3.2 搜索引擎的高级检索语法 · 116
7.3.3 搜索引擎的高级检索界面 · 121
7.3.4 检索策略 · 121
7.4 常见搜索引擎介绍 · 123
7.4.1 综合型搜索引擎 · 123
7.4.2 垂直搜索引擎 · 126
7.4.3 学术搜索引擎 · 129
7.5 专题网络资源介绍 · 131
7.5.1 在线视频课程 · 131
7.5.2 问答社区 · 134
7.5.3 微信公众号 · 135
7.5.4 网络百科 · 136
7.5.5 专业学习网站 · 138
7.5.6 开放存取资源 · 144
7.6 搜索引擎发展趋势 · 145

第8章 个人知识管理 ……147

8.1 知识 ……147
8.1.1 知识的定义 ……147
8.1.2 知识的特征 ……148
8.1.3 知识的类型 ……148

8.2 个人知识管理 ……151
8.2.1 个人知识管理的含义 ……151
8.2.2 个人知识管理的必要性 ……152
8.2.3 个人知识管理的方法与步骤 ……153
8.2.4 个人知识管理需要的技巧 ……154

8.3 个人知识管理的工具 ……155
8.3.1 本地资源搜索管理类 ……155
8.3.2 知识体系梳理类 ……156
8.3.3 笔记管理类 ……157
8.3.4 文献管理类 ……158
8.3.5 知识协作类 ……159

第9章 学位论文写作 ……161

9.1 学位论文概述 ……161
9.1.1 学位论文的概念 ……161
9.1.2 学位论文写作的基本要求 ……161
9.1.3 学位论文写作的基本原则 ……162

9.2 学位论文写作的基本流程 ……162

9.3 学位论文写作中的文献调研 ……165
9.3.1 文献调研过程 ……165
9.3.2 文献调研的文献收集重点 ……166
9.3.3 文献调研过程中的文献阅读方法 ……167

9.4 学位论文的基本格式及撰写要求 ……167
9.4.1 前置部分 ……167
9.4.2 主体部分 ……168
9.4.3 结尾部分 ……170
9.4.4 学位论文格式的其他要求 ……170

9.5 参考文献标准 ……170
9.5.1 著录参考文献的目的 ……170

  9.5.2 著录参考文献的原则 …………………………………………… 171
  9.5.3 参考文献的著录规范 …………………………………………… 171

参考文献 ……………………………………………………………………… 175

第1章

认识信息素养

随着信息时代的到来，信息素养逐渐成为大学生必备的基本素养。相较其他素养，信息素养是与信息环境密不可分的，植根于信息化的教育环境与资源，是信息化、数字化时代独有的产物。信息素养概念自提出以来，随着信息技术发展，信息生态不断发生变化，信息素养的内涵也在不断丰富，并与相关素养进行融合发展，以更好地适应信息社会对人们信息素养的新要求。

1.1 信息素养的内涵

1.1.1 信息素养的概念与定义

信息素养的概念是随着信息社会的发展而提出来的。1963年，日本社会学家梅棹忠夫在《信息产业论》中首次提出"信息社会"概念。1974年，美国信息产业协会（ITA）主席保罗·泽考斯基（Paul Zurkowski）在提交给全美图书馆学会和信息学委员会（NCLIS）的《信息服务环境：关系与优势》报告中首次提出信息素养概念：利用大量的信息工具及原始信息使问题得到解答的技术和技能。在20世纪70年代至80年代末，信息素养定义更多关注的是图书馆文献检索技能。20世纪90年代，随着以电子技术、通信技术、数字技术和计算机网络技术为中心的新技术革命的兴起，信息素养定义得以扩展。1989年，美国图书馆协会（ALA）进一步将信息素养概念明确为：具备信息素养的人是能够敏锐地洞察信息需求，并能够进行相应的信息检索、评估和有效利用所需信息的人。这个概念将信息素养从过去的单一文献检索技能扩展到基于问题解决的信息发现、组织、评价和使用的能力，更加全面地概括了信息素养的内涵。2005年，联合国教科文组织进一步将信息素养定义为能够确定、查找、评估、组织和有效地生产、使用和交流信息，并解决面临的问题的能力。2015年2月，美国大学与研究图书馆协会（ACRL）颁布美国《高等教育信息素养框架》，将信息素养的定义扩展为：信息素养是指包括对信息的反思性发现，对信息如何产生和评价的理解，以及利用信息创造新知识并合理参与学习团体的一组综合能力。2021年3月，我国教育部发布《高等学校数字校园建设规范（试行）》（教科信函〔2021〕14号），将信息素养定义为：个体恰当利用信息技术来获取、整合、管理和评价信息，理解、建构和创造新知识，发现、分析和解决问题的意识、能力、思维及修养。这里所列举的只是不同时期关于信息素养的典型定义，实际上，20世纪70年代以来，关于信息素养的定义有几十种。可以说，随着信息技术的不断发展，信息素养的定义和内涵也在不断发展丰富，以适应时代的要求。

1.1.2 信息素养相关概念

信息素养相关概念有很多，按照产生的时间顺序，先后有媒介素养、网络素养、数据素养、数字素养、元素养等，每个概念的产生都有其时代背景，是不同母体学科基于不同视角提出的，它们各自解决不同范畴内的问题，但彼此间存在着交叉关系，在内容上相互重叠。

1. 媒介素养

20世纪30年代，英国社会因为电影、小说、广告等媒介的发展而面临了前所未有的冲击。1933年，英国学者E.R.利维斯（E.R.Levis）和丹尼斯．桑普森（Denis Thompson）在《文化和环境：批判意识的培养》一书中对媒介素养概念进行界定，即运用媒介信息时所必备的相关知识技能。其反对大众媒介中的流行文化对青少年的侵蚀，将媒介素养教育的目的定位在甄别和抵制大众传媒的错误影响，让受教育者能够自觉形成和追求符合国家文化与精神的道德观、价值观。从20世纪50年代开始，英国对媒体发展的流行文化的态度发生了转变，在此阶段提出媒介素养教育主要表现为对流行文化、大众艺术的欣赏与研究。美国对媒介素养的研究相对较晚。1992年，"媒介素养领导人会议"界定了媒介素养概念，即每一个人都应该具备媒介素养，作为基本技能，能够在媒体时代获取相关信息，通过分析和评价等方法，提升使用电子媒体能力。2001年，美国媒介素养联盟将信息素养概念界定为依托丰富的媒介信息，比如声音、图像、语言等，个体能够具有审辩式思维，能够进行信息再创。媒介素养与信息素养有区别也有联系。从学科来看，信息素养研究与图书情报学高度相关，媒介素养与新闻传播学高度相关。从概念内涵来看，两者都有意识、知识、技能、伦理道德四个方面。从技术发展来看，媒介素养概念诞生于模拟信号的多媒体时代，信息素养概念则出现于数字信号为主的信息社会。也有学者将两者结合起来进行研究，提出媒介信息素养（Media and Information Literacy）概念。

2. 网络素养

"网络素养"概念最早由美国学者Challes R. McClure于1994年提出，他将网络素养视为信息素养的一部分，并将网络素养的概念内涵概括为网络知识的正确判断和应用以及网络技能的有效使用。国际上来看，网络素养在英文语境中有多种表述，如Network Literacy、Cyber Literacy、Internet Literacy、Online Literacy等，尚未形成一个被广泛认同的概念或框架。欧洲委员会（Council of Europe）于2010年发布了《网络素养手册》第三版（第一版与第二版分别发布于2005年与2007年），认为网络素养是"如何充分利用互联网以及如何保护网站和社交网络上的隐私"。目前，手册版本停留在第三版，没有继续更新。从国内发布的政府文件来看，我国政府话语体系中的"网络素养"重点关注"道德""思政""安全""法制"等关于网络文明的内容。2018年2月，教育部办公厅印发了《2018年教育信息化和网络安全工作要点》，其中提到要研究拟制《大学生网络素养指南》，引导大学生养成文明的网络生活方式。2019年，中共中央国务院发布《新时代公民道德建设实施纲要》，明确指出要倡导文明上网，广泛开展争做中国好网民活动，推进网民网络素养教育。2020年，中共中央发布的《法治社会建设实施纲要（2020—2025年）》明确加强全社会网络法治和网络素养教育，制定网络素养教育指南。

3. 数据素养

国外学术研究领域最早涉及数据素养这一概念，主要研究对象为科研人员和教师。21世纪初期，数据开始呈现出明显的价值和作用。2001年，R.Rice开始关注数据洪流现象，指出数据素养（Data Literacy）是对数据处理应用的能力。2004年，M.Schield是最早对这一概念作出细致解释的学者。其指出，数据素养是对数据进行获取、处理、梳理归纳等方面的能力。2007年，计算机图灵奖得主J.Grey首次提出了科学研究的第四范式（the Fourth Paradigm），即以海量数据计算为基础的密集数据范式。2008年，英国《自然》杂志首先提出大数据概念。2012年初，《纽约时报》撰文宣告"大数据时代"已然降临。2012年，联合国发布大数据政务白皮书——《大数据促发展：挑战与机遇》，基于大数据时代，能够积极应对挑战，利用数据驱动力促进发展，在促进数据素养发展时，数据密集型能够提供外在驱动力。不同行业在实际生活中对数据能力的实际需求有所区别，新闻领域的工作人员更加侧重于数据的收集和处理能力，科研人员则更加注重于数据的分析能力。数据素养和信息素养有联系也有区别，很多学者认为数据素养是信息素养的一个组成部分或是信息素养的一种形式。数据素养和信息素养最本质的区别是数据素养极大并且十分复杂地涉及数据处理而非其他类型的信息。也有学者将两者结合，提出数据信息素养（Data Information Literacy）概念。

4. 数字素养

欧洲使用数字素养概念更多，并且已经形成了相对成熟、指导欧洲多个国家实践的数字素养框架与指标体系。2006年，欧盟发布《终身学习的关键素养：欧洲参考框架》，将数字素养（Digital Competence）作为公民的八大关键素养之一，并对数字素养作了界定，具体包括使用计算机检索、评估、储存、生产、呈现和交换信息，以及通过互联网进行交流和参与协作等。2013年，欧盟发布DigComp对数字素养进行了详细阐释，提出了包含信息、传播、内容创造、安全、问题解决等五部分的数字素养框架。后续对数字素养框架及其指标进行了细化与修订，分别于2016年和2017年发布DigComp2.0及DigComp2.1，修订后的框架包含了信息与数据素养、交流与协作、数字内容创造、安全、问题解决等五部分，内容更具时代特点。2018年，联合国教科文组织以DigCom2.0为基础发布了《全球数字素养技能参考框架4.4.2》，框架中增加了"设备与软件操作"和"职业相关的能力"两个部分，并在"问题解决"部分中增加了"计算思维"要素。国内发布的涉及"数字素养"的政府文件多与"数字经济"发展密切相关。国家发展改革委等十余部门于2018年联合发布《关于发展数字经济稳定并扩大就业的指导意见》，其中明确提出"到2025年，伴随数字经济不断壮大，国民数字素养达到发达国家平均水平"。

5. 元素养

随着Facebook、Twitter、Delicious、Second Life、YouTube等基于Web 2.0的社交媒体和网络社区兴起，有学者认为需要对信息素养的定义进行扩展。2011年，纽约州立大学帝国学院远程学习中心代理主任托马斯·P.麦基（Thomas P.Mackey）和纽约州立大学奥尔巴尼分校图书馆信息素养部负责人特鲁·E.雅各布森（Trudi E.Jacobson）提出将信息素养重新定义为"元素养"。"元素养"是一个综合新兴技术并统一信息素养、媒介素养、数字素养、视觉素养、网络素养、信息流畅性等多种素养类型的总体和自我参照框架。在上述两人撰写的 *Reframing Information Literacy as a Metaliteracy* 一文中，作者指出信息素养比以往任何时候更加重要。相比传统信息素养定义，"元素养"特别强调在参与式数字环境中生产和共享信息。在教育内容上，与传统的培养检索技能相比，元素养教育更加关注面向信息的批判思维的探究能力、面向自身学习和过程的自我反思能力、面向原创信息的生产能力以及研究能力的培养。

1.2 信息素养的重要性

1.2.1 信息素养与终身学习

党的二十大报告指出要"推进教育数字化，建设全民终身学习的学习型社会、学习型大国"。信息素养与终身学习有着密切的关系。2003年,联合国教科文组织和美国图书情报学委员会联合召开信息素养专家会议,发表《布拉格宣言:走向信息素养社会》。布拉格宣言指出:信息素养能够确定、检索、评估、组织和有效生产、使用和交流信息并解决所遇到的问题,是有效参与信息社会的一个前提,是终身学习的一种基本人权。2005年,联合国教科文组织、国际图书馆协会联合会、美国全国信息素养论坛联合召开国际高级信息素养和终身学习研讨会,发表《信息社会灯塔:关于信息素养和终身学习的亚历山大宣言》。亚历山大宣言提出:信息素养和终身学习是信息社会的灯塔,照亮了通向发展、繁荣和自由之路。信息素养是终身学习的核心,它能使人们在整个一生中有效地寻求、评价、利用和创造信息,以便达到其个人的、社会的、职业的和教育的目标。良好的信息素养有利于突破时空限制,促进教育资源和教育机会的公平化,有利于发现更好的学习方法,更优质的学习资源,更实用的学习工具,能够形成一种"获取信息,终身学习"的意识。良好的信息素养帮助我们从获取和利用信息的角度解决遇到的问题,而解决问题的过程也是知识体系和能力体系重构的过程。知识体系和能力体系的重构就是终身学习。因此信息素养和终身学习是两个相辅相成的概念,信息素养是终身学习的核心,终身学习的理念也蕴含在信息素养的概念中。

1.2.2　信息素养与21世纪核心素养

为了帮助公民更好地应对时代变化、适应新时代发展,20世纪末和21世纪初,很多世界、区域组织和国家及地区先后发布21世纪核心素养框架。受世界教育创新峰会委托,北京师范大学中国教育创新研究院在2015年对5个国际组织和24个国家或地区发布的21世纪核心素养框架进行综合研究和比较分析,并于2016年6月3日发布《面向未来:21世纪核心素养教育的全球经验》研究报告。报告将29个素养框架中的相关内容归纳为两大类18项素养(图1-1),大体反映了全球范围内不同组织或经济体的政策制定者对未来公民所应具备的核心素养的基本判断和整体把握。18项素养中,有七大素养为各国际组织和经济体高度重视,可谓核心素养中的核心,包括沟通与合作、创造性与问题解决、信息素养、自我认识与自我调控、批判性思维、学会学习与终身学习。"信息素养"出现的频次仅次于"沟通与合作",与"创造性与问题解决"并列第二位。

报告还对各素养在不同收入水平经济体中的分布状况进行了分析(图1-2),发现高收入经济体和中等及以下收入经济体所关注的核心素养不完全一样。高收入经济体关注度最高的三个素养是"信息素养""创造性与问题解决""自我认知与自我调控",中等级以下收入经济体最关注"学会学习与终身学习素养",而"沟通与合作素养"为各个经济体普遍关注。

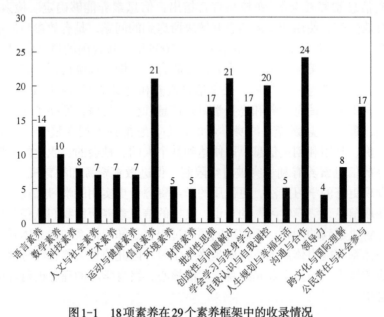

图1-1　18项素养在29个素养框架中的收录情况

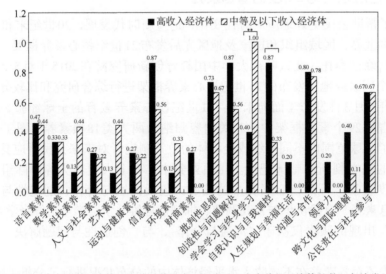

（图中纵坐标代表两类经济体对素养的关注度,即收录这个素养的经济体的数目与该类经济体个数的比值。"*"代表统计检验的显著性水平为$P<0.05$,"**"代表统计检验的显著性水平为$P<0.01$）

图1-2　不同收入水平经济体对核心素养关注度的对比图

1.3 信息素养的组成要素

信息素养主要有过程维度和结构维度两种划分方式。解决信息问题的过程维度包括信息获取、信息评价、信息创造、信息交流等,并关注各个维度的信息意识和信息伦理方面。结构维度主要包括信息意识、信息知识、信息应用能力、信息伦理、信息安全五部分。过程维度较完整地阐释了信息素养的内涵及结构,并将信息素养应达到的目标、指标和具体实现的途径联结起来。在网络发展的不同阶段,以信息素养过程维度为基础的信息素养框架不断重构。我国教育部于2021年发布的《高等学校数字校园建设规范(试行)》(以下简称《规范》),从促进高等学校数字校园建设与运行的角度对高校师生员工的信息素养提出要求,从信息意识、信息知识、信息应用能力、信息伦理与安全四个方面对信息素养组成要素进行规定,并用28个条目对四个方面进行具体描述。具体如下:

1.3.1 信息意识

高等学校师生员工的信息意识包括:

(1)具有对信息真伪性、实用性、及时性辨别的意识。

(2)根据信息价值合理分配自己的注意力。

(3)具有利用信息技术解决自身学习生活中出现的问题意识。

(4)具有发现并挖掘信息技术及信息在教学、学习、工作和生活中的作用与价值的意识。

(5)具有积极利用信息和信息技术对教学和学习进行优化与创新,实现个人可持续发展的意识。

(6)能够意识到信息技术在教学和学习中应用的限制性条件。

(7)具有勇于面对、积极克服信息化教学和学习中的困难的意识。

(8)具有积极学习新的信息技术,以提升自身信息认知水平的意识。

1.3.2 信息知识

高等学校师生员工的信息知识包括:

(1)了解信息科学与技术的相关概念与基本理论知识。

(2)了解当前信息技术的发展进程、应用现状及发展趋势。

(3)了解信息安全和信息产权的基础知识。

(4)掌握学科领域中信息化教学、学习、科研等相关设备、系统、软件的使用方法。

（5）了解寻求信息专家（如图书馆员、信息化技术支持人员等）指导的渠道。

1.3.3 信息应用能力

高等学校师生员工的信息应用能力包括：

（1）能够选择合适的查询工具和检索策略获取所需信息，并甄别检索结果的全面性、准确性和学术价值。

（2）能够结合自身需求，有效组织、加工和整合信息，解决教学、学习、工作和生活中的问题。

（3）能够使用信息工具将获取的信息和数据进行分类、组织和保存，建立个人资源库。

（4）能够评价、筛选信息，并将选择的信息进行分析归纳、抽象概括，融入自身的知识体系中。

（5）能够根据教学和学习需求，合理选择并灵活调整教学和学习策略。

（6）具备创新创造能力，能够发现和提炼新的教学模式、学习方式和研究问题。

（7）能够基于现实条件，积极创造、改进、发布和完善信息。

（8）能够合理选择在不同场合或环境中交流与分享信息的方式。

（9）具备良好的表达能力，能够准确表达和交流信息。

1.3.4 信息伦理与安全

高等学校师生员工的信息伦理与安全素养包括：

（1）尊重知识，崇尚创新，认同信息劳动的价值。

（2）不浏览和传播虚假消息和有害信息。

（3）信息利用及生产过程中，尊重和保护知识产权，遵守学术规范，杜绝学术不端。

（4）信息利用及生产过程中，注意保护个人和他人隐私信息。

（5）掌握信息安全技能，防范计算机病毒和黑客等攻击。

（6）对重要信息数据进行定期备份。

1.4 信息素养的评估标准

1998年，全美图书馆协会（AASL）和美国教育传播与技术协会（AECT）在其出版的《信息能力：创建信息的伙伴》一书中首次从信息素质、独立学习和社会责任三个层面给出了评价信息素养的9项标准。1999年，英国高校与图书馆协会（SCONUL）颁布《高等教育信息技能：SCONUL立场文件》，其中"英国高等教育信息素质能力标准"由7项一级指标和17项二级指标组成。2000年，美国大学与研究图书馆协会（ACRL）制定了《美国高等教育信息素质能力标准》，这也是当时所有信息素养能力评估标准中最为著名、使用最为广泛的一个体系。ACRL标准发布的同年10月，澳大利亚图书馆协会（CAUL）在堪培拉会议上通过了其修改案《国家信息素养标准》作为通行标准；2001年，澳大利亚与新西兰高校信息素养联合工作组（ANZIIL）推出了《澳大利亚与新西兰信息素养框架：原则、标准及实践》（以下简称《框架》），并在2004年结合实践反馈结果与研讨会意见正式发布了《框架》2004年版，这一标准体系由6个一级指标、19个二级指标及67个三级指标组成，是两国高校开展信息素养教育的指导性文件，也即现行的ANZIIL标准。相比之下，我国在信息素养评估方面还有很大差距，至今还没有权威、统一的信息素养评估标准，也没有开展全国性的信息素养评估项目。

1.4.1 美国高等教育信息素养能力标准

2000年，美国大学与研究图书馆协会标准委员会颁布《高等教育信息素养能力标准》（以下简称《标准》），包括5项能力指标，22个表现指标，87个成果指标（表1-1）。《标准》的发布，在全球范围内掀起了信息素养研究的热潮。虽然ACRL后续还相继发布了一系列学科信息素养标准，如2006年的《科学、工程与技术领域信息素养标准》、2007年的《英美文学专业研究能力指南》、2008年的《人类学与社会学学生信息素养标准》和《政治学专业研究能力指南》、2010年的《心理学信息素养标准》，这些学科信息素养标准都以《标准》为基础。《标准》对于信息素养评价领域具有里程碑意义，其也是高等教育界和图书馆界最有影响力的文件之一。

表1-1 《高等教育信息素养能力标准》一、二级指标

能力指标	表现指标
具有信息素养的学生应能确定所需信息的性质和范围	能清晰详细地表达信息需求
	能确定多种类型和格式的可能的信息源
	能考虑到获取信息的成本和收益
	能重新评估所需信息的性质和范围

续表

能力指标	表现指标
能有效和高效地获取信息	能选择适当的研究方法或信息检索手段获取信息
	能构建和实施基于有效性的信息检索策略
	能联机检索信息或亲自使用各种方法
	能调整信息检索策略
	能摘要、存档和管理信息和信息源
能批判性地评估信息和信息源，将新的信息综合到现有的知识体系和价值观中	能综述所收集信息的主要思想和观点
	能清晰明白地说明初始评价标准，并对信息和信息源进行评价
	能综合主要思想和观点完善新概念
	能比较新旧知识的差异和联系，确定新信息新增的涵义和其他特征
	能确定新知识是否对个人价值观产生影响，并逐步和解冲突
	能通过与专家或他人谈论，验证对信息的理解和解释是否正确
	能确定是否修正初始的观点
能独立或作为团队的一员高效地利用信息，实现一个明确的目标	能运用新旧信息计划或创建一个特别的成果或某项工作
	能修正原先制定的工作程序
	能高效地与他人沟通，实现目标
能理解信息使用上的经济、法律和社会道德的问题，在伦理上和法律上是可行的	能理解信息和信息技术上的伦理、法律和社会经济问题
	能依照相关的法律、法规、制度和礼仪使用信息
	能对工作中使用的信息情况进行肯定和致谢

1.4.2　美国高等教育信息素养框架

2015年2月，美国大学与研究图书馆协会颁布美国《高等教育信息素养框架》(以下简称《框架》)，取代已经发布15年的《高等教育信息素养能力标准》。《框架》结合当时更加复杂的信息环境，站在高等教育发展的角度，引入"元素养"概念，对信息素养进行新的解构与定义，还引入教育学中的"阈概念"用以界定信息素养教育的核心内容。《框架》特意使用了"框架"（Framework）一词，因为它是基于一个互相关联的核心概念的集合，可供灵活选择实施，而不是一套标准，或者是一些学习成果或既定技能的列举。《框架》按六个框架要素（Frame）编排，每一个要素都包括一个信息素养的核心概念、一组知识技能，以及一组行为方式。

1. 权威的构建性与情境性

信息资源反映了创建者的专业水平和可信度，人们基于信息需求和使用情境对其进行评估。权威性的构建取决于不同团体对不同类型权威的认可。权威性适应于一定的情境，因为信息需求有助于决定所需的权威水平。

1）知识技能

提高个人信息素养能力的学习者应当：

（1）明确权威的类型，例如，学科专业知识（如学术成就）、社会地位（如公职或头衔），或特殊经历（如参与某个历史事件）。

（2）使用研究工具和权威指标来判定信息源的可信度，了解可能影响这种可信度的因素。

（3）明白在很多学科领域，知名学者和著名出版物被视作权威，并被普遍作为标准。即便在这些情况下，一些学者仍将挑战这些信息源的权威性。

（4）认识到权威的内容可以被正式或非正式地包装，并且其来源可能包括所有媒介类型。

（5）确认自己正在一个特定的领域形成自己的权威观点，并清楚为此所需承担的责任，包括追求精确度和可靠性，尊重知识产权，以及参与团体实践。

（6）理解由于权威人士积极互联，以及信息源随时间而不断发展，信息生态系统也在日益社会化。

2）行为方式

提高个人信息素养能力的学习者应当：

（1）在遇到不同的甚至相互冲突的观点时，形成并保持开放的思维；

（2）激励自己找到权威信息源，明白权威可以被授予或通过意想不到的方式表现出来；

（3）逐步明白对内容做客观评估的重要性，评估时需持有批评精神，并对自己的偏见和世界观保持清醒认识；

（4）质疑推崇权威的传统观念，并认可多元观点和世界观的价值；

（5）意识到维持这些态度和行为需要经常进行自我评价。

2. 信息创建的过程性

任何形式的信息都是为了传递某个消息而生成，并通过特定的传送方式实现共享。研究、创造、修改和传播信息的迭代过程不同，最终的信息产品也会有差异。

1）知识技能

提高个人信息素养能力的学习者应当：

（1）可以阐明不同创造过程所产生的信息的功能和局限性；

（2）评估信息产品的创造过程与特定信息需求之间的匹配程度；

（3）可以清楚说明，在一个特定学科中，信息创造与传播的传统和新兴的过程；

（4）认识到可能因为包装形式不同，信息给人的感觉也会有差异；

（5）判断信息形式所隐含的是静态还是动态信息；

（6）特别关注在不同背景下各类信息产品所被赋予的价值；

（7）将对信息产品的优势和局限性的认识运用到新类型的信息产品中；

（8）在自己创造信息的过程中形成一种认识，即自己的选择将影响该信息产品的使用目的及其所传达的消息。

2）行为方式

提高个人信息素养能力的学习者应当：

（1）力图找出能体现所隐含创造过程的信息产品特性；

（2）重视将信息需求与适当产品相匹配的过程；

（3）承认信息的创造最初可能始于一系列不同形式或模式的交流；

（4）承认以新兴格式或模式表达的信息所拥有潜在价值的模糊性；

（5）抵制将信息形式等同于其所隐含的创造过程的倾向；

（6）知道因不同目的而产生的不同信息传播方式可供利用。

3. 信息的价值属性

信息拥有多方面的价值，它可以是商品、教育手段、影响方式以及谈判和认知世界的途径。法律和社会经济利益影响信息的产生和传播。

1）知识技能

提高个人信息素养能力的学习者应当：

（1）恰当地注明出处和引用，表达对他人原创观点的尊重；

（2）明白知识产权是法律和社会的共同产物，随着文化背景的不同而有差异；

（3）可以清楚地说明版权、正当使用、开放获取和公共领域的用途及其显著特征；

（4）明白在信息产生和传播系统中，一些个人或群体是如何以及为什么被忽视或排斥的；

（5）认识到获取或缺乏获取信息源的问题；

（6）判断信息发布的途径和方式；

（7）明白个人信息商品化和在线互动如何影响个人获取到的信息，以及个人在线生成或传播的信息；

（8）在线活动中，对个人隐私和个人信息商业化的问题保持高度清醒的认识，并做出明智选择。

2）行为方式

提高个人信息素养能力的学习者应当：

（1）尊重他人的原创；

（2）重视知识创造所需的技能、时间和努力；

（3）将自身定位为信息市场的贡献者而非单纯的消费者；

（4）注意审视自身的信息倾向性。

4. 探究式研究

在任何领域，研究都永无止境，它依赖于越来越复杂的或新的问题的提出，而获得的答案反过来又会衍生出更多问题或探究思路。

1）知识技能

提高个人信息素养能力的学习者应当：

（1）基于信息空白或针对已存在的、但可能存在争议的信息来制定研究问题；

（2）确立合适的调研范围；

（3）通过将复杂问题分解为简单问题、限定调研范围来处理复杂的研究；

（4）根据需求、环境条件和探究类型使用多种研究方法；

（5）密切关注收集到的信息，评估缺口或薄弱环节；

（6）以有意义的方式组织信息；

（7）对多渠道获取的观点进行综合；

（8）通过信息分析和演绎得出合理结论。

2）行为方式

提高个人信息素养能力的学习者应当：

（1）视研究为开放式探索和信息研究过程；

（2）明白一个问题也许看起来很简单，但仍可能对研究很重要或具有颠覆性；

（3）重视问题发现和新调研方法学习过程中的求知欲；

（4）保持开放思想和批判态度；

（5）重视持久性、适应性和灵活性，明白模糊性对研究过程是有益的；

（6）在信息收集和评估过程中寻求多维视角；

（7）如有需要可寻求适当帮助；

（8）在收集和使用信息过程中要遵守道德和法律准则；

（9）展现学识上的虚心（例如，承认个人知识或经验的局限）。

5. 对话式学术研究

由于视角和理解各异，不同的学者、研究人员或专业人士团体会不断地带着新见解和新发现参与到持续的学术对话中。

1）知识技能

提高个人信息素养能力的学习者应当：

（1）在自己的信息产品中引用他人有贡献的成果；

（2）在适当的层面为学术对话做出贡献，比如本地的网络社区、引导式讨论、本科生学术刊物、会议报告／海报环节；

（3）识别通过各种途径加入学术对话的障碍；

（4）理性评判他人在参与式信息环境中所做的贡献；

（5）鉴别特定文章、书籍和其他学术作品对学科知识所做的贡献；

（6）对具体学科中特定主题的学术观点变化进行总结；

（7）明白指定的学术作品可能并不代表唯一的观点，甚至也不是多数人的观点。

2）行为方式

提高个人信息素养能力的学习者应当：

（1）清楚自己参与的是正在进行的学术对话，而不是已结束的对话；

（2）找出自己研究领域内正在进行的对话；

（3）将自己视为学术的贡献者而不仅是消费者；

（4）明白学术对话发生在各种场合；

（5）在更好地理解学术对话大背景之前，不对某一具体学术作品的价值进行判断；

（6）明白只要参与对话就要担负相应的责任；

（7）重视用户生成内容的价值，并评价他人的贡献；

（8）明白体制偏爱权威，而由于语言表达不流畅以及不熟悉学科流程会削弱学习者参与和深入对话的能力。

6. 战略探索式检索

信息检索往往是非线性并且迭代反复的，需要对广泛的信息源进行评估，并随着新认识的形成，灵活寻求其他途径。

1）知识技能

提高个人信息素养能力的学习者应当：

（1）确定满足信息需求任务的初步范围；

（2）确认关于某一话题的信息产生方，如学者、组织、政府及企业，并决定如何去获取信息；

（3）检索时运用发散（如头脑风暴）和收敛（如选择最佳信息源）思维；
（4）选择与信息需求和检索策略相匹配的检索工具；
（5）根据检索结果来设计和改进需求与检索策略；
（6）理解信息系统（如已记载信息的收集）的组织方式，以便获取相关信息；
（7）使用不同类型的检索语言（如控制词表、关键词、自然语言）；
（8）管理检索过程和结果。

2）行为方式

提高个人信息素养能力的学习者应当：

（1）展现出思维的灵活性和创造性；
（2）明白最初的检索尝试不一定可以得到充足的结果；
（3）认识到各种信息源在内容和形式上有很大的不同，并且其相关性和价值也会因需求和检索性质的不同而差异很大；
（4）寻求专家的指导，比如图书馆员、研究人员和专业人士；
（5）明白浏览及其他偶然发现的信息收集方法的价值；
（6）坚持面对检索的挑战，并知道在拥有足够的信息时结束任务。

1.4.3 北京地区高校信息素质能力指标体系

清华大学图书馆与北京航空航天大学图书馆在2003年承担了北京高校图书馆学会为期两年（2003—2005年）的科研项目"北京地区高校信息素质能力示范性框架研究"，在北京地区高校信息素质教育研究会的配合下，完成了北京地区高校信息素质能力指标体系的设计。指标体系由7个一级指标（称为维度）、22个二级指标（称为指标）、75个三级指标（称为指标描述）构成，从信息意识、信息知识、信息能力、信息道德四个方面反映了对高校学生毕业时应具有的信息素质能力的要求。该指标体系是我国首个区域性信息素养能力指标体系。

1. 维度一

具备信息素质的学生能够了解信息以及信息素质能力在现代社会中的作用、价值与力量。

指标1. 具备信息素质的学生具有强烈的信息意识。

指标描述：

（1）了解信息的基本知识；
（2）了解信息在学习、科研、工作、生活各方面产生的重要作用；
（3）认识到寻求信息是解决问题的重要途径之一。

指标2. 具备信息素质的学生了解信息素质的内涵。

指标描述：

（1）了解信息素质是一种综合能力（信息素质是个体知道何时需要信息，并能够有效地获取、评价、利用信息的综合能力）；

（2）了解这种能力是开展学术研究必备的基础能力；

（3）了解这种能力是成为终身学习者必备的能力。

2. 维度二

具备信息素质的学生能够确定所需信息的性质与范围。

指标1.具备信息素质的学生能够识别不同的信息源并了解其特点。

指标描述：

（1）了解信息是如何生产、组织与传递的；

（2）认识不同类型的信息源（例如，图书、期刊、数据库、视听资料等），了解它们各自的特点；

（3）认识不同层次的信息源（例如，零次、一次、二次和三次信息），了解它们各自的特点；

（4）认识到内容雷同的信息可以在不同的信息源中出现（例如，许多会议论文同时发表在学术期刊上）；

（5）熟悉所在学科领域的主要信息源。

指标2.具备信息素质的学生能够明确地表达信息需求。

指标描述：

（1）分析信息需求，确定所需信息的学科范围、时间跨度等；

（2）在使用信息源的过程中增强对所需求信息的深入了解程度；

（3）通过与教师、图书馆员、合作者等人的讨论，进一步认识和了解信息的需求；

（4）用明确的语言表达信息需求，并能够归纳描述信息需求的关键词。

指标3.具备信息素质的学生能够考虑到影响信息获取的因素。

指标描述：

（1）确定所需信息的可获得性与所需要的费用（例如，有的信息是保密的，无法获取；有的信息需要支付馆际互借的费用）；

（2）确定搜集所需要的信息将付出的时间与精力；

（3）确定搜集所需要的信息和理解其内容是否需要应用新的语种和技能（例如，信息是以非中文/英文的语种表达信息内容的，要了解其内容，则需要先学习一门新的语言；或是理解信息内容需要应用到还未学过的学科知识）。

3. 维度三

具备信息素质的学生能够有效地获取所需要的信息。

指标1. 具备信息素质的学生能够了解多种信息检索系统，并使用最恰当的信息检索系统进行信息检索。

指标描述：

（1）了解图书馆有哪些信息检索系统（例如，馆藏目录、电子期刊导航、跨库检索平台等），了解在每个信息检索系统中能够检索到哪些类型的信息（例如，检索到的信息是全文、文摘还是题录）；

（2）了解图书馆信息检索系统中常见的各种检索途径，并且能读懂信息检索系统显示的信息记录格式；

（3）理解索书号的含义，了解图书馆文献的排架是按照索书号顺序排列的；

（4）了解检索词中受控词（表）的基本知识与使用方法；

（5）能够在信息检索系统中找到"帮助"信息，并能有效地利用"帮助"；

（6）能够使用网络搜索引擎，掌握网络搜索引擎常用的检索技巧；

（7）了解网络搜索引擎的检索与图书馆提供的信息检索系统检索的共同点与差异；

（8）能够根据需求（查全或是查准）评价检索结果，确定检索是否要扩展到其他信息检索系统中。

指标2. 具备信息素质的学生能够组织与实施有效的检索策略。

指标描述：

（1）正确选择检索途径，确定检索标识（例如，索书号、作者等）；

（2）综合应用自然语言、受控语言及其词表，确定检索词（例如，主题词、关键词、同义词和相关术语）；

（3）选择适合的用户检索界面（例如，数据库的基本检索、高级检索、专业检索等）；

（4）正确使用所选择的信息检索系统提供的检索功能（例如，布尔算符、截词符等）；

（5）能够根据需求（查全或是查准）评价检索结果、检索策略，确定是否需要修改检索策略。

指标3. 具备信息素质的学生能够根据需要利用恰当的信息服务获取信息。

指标描述：

（1）了解图书馆能够提供的信息服务内容；

（2）能够利用图书馆的馆际互借、查新服务、虚拟咨询台、个性化服务（例如，MyLibrary）；

（3）能够了解与利用其他信息服务机构（例如，CALIS）提供的信息服务。

指标4. 具备信息素质的学生能够关注常用的信息源与信息检索系统的变化。

指标描述：

（1）能够使用各种新知通报服务（alert/current awareness services）；

（2）能够订阅电子邮件服务和加入网络讨论组；

（3）习惯性关注常用的印刷型/电子型信息源。

4. 维度四

具备信息素质的学生能够正确地评价信息及其信息源，并且把选择的信息融入自身的知识体系中，重构新的知识体系。

指标1. 具备信息素质的学生能够应用评价标准评价信息及其信息源。

指标描述：

（1）分析比较来自多个信息源的信息，评价其可信性、有效性、准确性、权威性、时效性；

（2）辨认信息中存在的偏见、欺诈与操纵；

（3）认识到信息中会隐含不同价值观与政治信仰（例如，不同价值观的作者对同一事件会有不同的描述）。

指标2. 具备信息素质的学生能够将选择的信息融入自身的知识体系中，重构新的知识体系。

指标描述：

（1）能够从所收集的信息中提取、概括主要观点与思想；

（2）通过与教师、专家、合作者、图书馆员的讨论来充分理解与解释检索到的信息；

（3）比较同一主题所检索到的不同观点，确定接受与否；

（4）综合主要观点形成新的概念；

（5）应用、借鉴、参考他人的工作成果，形成自己的知识、观点或方法。

5. 维度五

具备信息素质的学生能够有效地管理、组织与交流信息。

指标1. 具备信息素质的学生能够有效地管理、组织信息。

指标描述：

（1）能够认识参考文献中对不同信息源的描述规律；

（2）能够按照要求的格式（例如，文后参考文献著录规则等），正确书写参考文献与脚注；

（3）能够采用不同的方法保存信息（例如，打印、存档、发送到个人电子信箱等）；

（4）能够利用某种信息管理方法管理所需信息，并能利用某种电子信息管理系统（例如，Refworks）。

指标2. 具备信息素质的学生能够有效地与他人交流信息。

指标描述：

（1）选择最能支持交流目的的媒介、形式（例如，学术报告、小组讨论等），选择最适合的交流对象；

（2）能够利用多种信息技术手段和信息技术产品进行信息交流（例如，使用PowerPoint软件创建幻灯片、为研究项目建立网站、利用各种网络论坛等）；

（3）采用适合于交流对象的风格清楚地进行交流（例如，了解学术报告幻灯片的制作要点，了解如何撰写和发表印刷版或网络版的学术论文）；

（4）能够清楚地、有条理地进行口头表述与交流。

6. 维度六

具备信息素质的学生作为个人或群体的一员能够有效地利用信息来完成一项具体的任务。

指标1.具备信息素质的学生能够制定一个独立或与他人合作完成具体任务的计划。

指标2.具备信息素质的学生能够确定完成任务所需要的信息。

指标3.具备信息素质的学生能够通过讨论、交流等方式，将获得的信息应用到解决任务的过程中。

指标4.具备信息素质的学生能够提供某种形式的信息产品（例如，综述报告、学术论文、项目申请、项目汇报等）。

7. 维度七

具备信息素质的学生了解与信息检索、利用相关的法律、伦理和社会经济问题，能够合理、合法地检索和利用信息。

指标1.具备信息素质的学生了解与信息相关的伦理、法律和社会经济问题。

指标描述：

（1）了解在电子信息环境下存在的隐私与安全问题；

（2）能够分辨网络信息的无偿服务与有偿服务；

（3）了解言论自由的限度；

（4）了解知识产权与版权的基本知识。

指标2.具备信息素质的学生能够遵循在获得、存储、交流、利用信息过程中的法律和道德规范。

指标描述：

（1）尊重他人使用信息源的权利，不损害信息源（例如，保持所借阅图书的整洁）；

（2）了解图书馆的各种电子资源的合法使用范围，不恶意下载与非法使用；

（3）尊重他人的学术成果，不剽窃；在学术研究与交流时，能够正确引用他人的思想与成果（例如，正确书写文后参考文献）；

（4）合法使用有版权的文献。

1.5 高等院校信息素养教育

从20世纪90年代起，信息素养教育逐渐成为国内外高校图书馆的重要研究课题。信息素养教育强调在信息利用的学习过程中，通过信息能力的提高增强学生学习的主动性、批判性和反省意识，并通过信息技能和批判性思维的训练，来达到提高学习能力和解决问题能力的目的。这与高等教育目标相吻合，信息素养教育对高等教育质量提升具有重要的推进作用。

1.5.1 高校图书馆的信息素养教育职能

图书馆既是高校的文献信息资源中心，又有长期开展读者教育的基础，所以无论在国内还是国外，高校通常依托图书馆来开展信息素质教育。对于高校图书馆，信息素养教育是图书馆传统用户教育在信息社会中的发展与超越，传统用户教育重在教授图书馆馆藏的使用，这只是信息素养教育的一部分内容。信息素养教育最早以文献检索课形式出现。1981年10月教育部颁发的《中华人民共和国高等学校图书馆工作条例》，第一次以文件形式将文献检索课规定为高校图书馆的工作任务之一。1984年2月，教育部印发《关于在高等学校开设"文献检索与利用"课意见》通知，要求高等学校开设文献检索课，教授大学生如何利用图书馆，培养文献检索能力。2002年，教育部发布《普通高等学校图书馆规程（修订）》，在总则第三条明确规定，高等学校图书馆的5项主要任务之一，就是"开展信息素养教育，培养读者的信息意识和获取、利用文献信息的能力"；第四章第十七条"读者服务"中明确图书馆要"通过开设文献信息检索与利用课程以及其他多种手段进行信息素质教育"。该文件进一步明确了高校图书馆在开展信息素质教育中的重要地位和作用。2015年12月，教育部对2002年版《规程（修订）》进一步修订并发布《普通高等学校图书馆规程》，其中第三十一条提出"图书馆应重视开展信息素质教育，采用现代教育技术，加强信息素质课程体系建设，完善和创新新生培训、专题讲座的形式和内容"。开展信息素养教育是国家教育主管部门赋予图书馆的使命任务，也是图书馆立足资源中心优势，深化用户教育，服务人才培养和科学研究的重要体现。

1.5.2 国内高校图书馆开展信息素养教育现状

教育部发布的《高等学校数字校园建设规范（试行）》明确，高等学校应积极开展信息素养培养，融合线上与线下教育方式，不断拓展教育内容，开展以学分课程为主、嵌入式教学和培训讲座为辅、形式多样的信息素养教育活动，帮助用户不断提升利用信息及信息技术开展学习、研究和工作的能力。经过笔者实际网络调查和文献调研，国内很多高校都开展有形式多样的信息素养教育活动，特别是"双一流"高校开展信息素养教育时间更早、教学体系更加完备，信息素养教育水平走在全国高校的前列。整体上，国内高校图书馆信息素养教育呈现以下四个特点。

1. 教学内容有针对性

高校图书馆开展的信息素养教育内容由浅入深，针对不同层次教育对象，在教学内容安排上会有所侧重，综合考虑学生的基础水平和学习研究需求，有针对性地开展信息素养教育。面向大一、大二低年级本科生开展信息素养通识教育，重点讲授信息素养基础知识、馆藏资源与服务，帮助学生更好地利用图书馆；面向大三、大四高年级本科生开展信息素养专业教育，重点讲授数据库检索与利用、文献调研、学术论文写作等内容，助力专业学习；面向研究生开展科研素养、数据素养教育，重点讲授数据分析、知识产权、成果评价、学位论文写作、学术道德与学术规范等内容，助力科学研究；面向任职培训学生开展终身学习教育，教授工作、生活中必要的信息技能，利用信息技术助力个人职业发展和生活便利。

2. 培养途径丰富多样

随着互联网技术和新媒体技术的发展，信息素养教学由传统的线下教学转变为线上线下相结合的方式。相比线下教学，线上教学更加多元，慕课、微信、QQ、微博等媒体平台都成为信息素养的重要培养途径。特别是2020年以来，受新冠疫情的影响，线上教学成为主流，不少高校图书馆还将信息素养课程搬入直播间，图书馆老师变身网络主播在线上与讲座参与者互动。很多高校图书馆将课件、视频、案例、数据库指南等教学相关资源整合，专门搭建信息素养教育平台，为读者提供全方位的信息素养教育服务。随着移动阅读的普及，高校图书馆还通过微信公众号发布信息素养微视频，满足读者随时随地的学习需求。此外，不少高校和省（区域）图书馆行业组织会经常性地组织信息素养竞赛，通过比赛检验信息应用能力，促进信息素养提升。

3. 教学方式灵活多变

根据不同教育对象、教学目标和活动场景，信息素养教学方式有学分课程、专题讲座、定制培训、嵌入培训、微课、微视频等很多种形式。学分课程能够为读者提供更加系统的信息素养教育，42所"双一流"高校图书馆均开设有此类课程。针对某一主题的培训开展专题讲座，是目前高校图书馆开展信息素养教育最为普遍的方式。定制培训形式是开展针对性、个性化信息素养教育的主要形式。嵌入式培训主要是嵌入课堂或科研过程，是信息素养教育支持学科专业学习和科学研究的直接体现。微课、微视频多见于移动端，是泛在信息素养教育的主要形式。信息素养教学方法同样灵活多变，案例教学、项目教学、情景教学、任务驱动和现地教学等教学方法开始大范围使用，漫画、游戏等极具趣味性的教学方法也越来越多。

4. 师资队伍日趋完善

师资力量是保证信息素养教育质量的关键因素。很多高校图书馆抽调骨干力量，组建专门团队或部门负责信息素养教育工作。例如，同济大学图书馆2018年成立了信息素养教研部，成员包括1位副馆长，4位副研究馆员，3位馆员，平均教龄15年以上，教学经验非常丰富；北京大学图书馆组建了信息素养服务团队；兰州大学图书馆设立了信息素养教育服务中心。在充分利用馆内人力资源的同时，部分图书馆会邀请专业数据库培训师讲解数据库的检索使用，也会邀请知识产权领域的专家开展专题讲座，还会请具有某一专长的学生参与到用户技能培训中，这样不仅使图书馆的信息素养教学团队得到有益补充，而且提升了课程质量。

1.5.3　国内高校信息素养教育不足

国内高校信息素养教育实践虽已取得长足发展和显著进步，但同欧美发达国家院校相比，在教育理念认同和教育体系构建上还有许多不足之处，主要表现在三个方面。

1. 信息素养重要性尚未形成院校共识

对于信息素养的重要意义，国内高校图书馆界已经形成共识，国内高校信息素养教育实施也以图书馆为主力军。"双一流"高校对信息素养认识更为充分，教育体系构建较为完善。更多院校主管部门对信息素养仍重视不够，在师资队伍、资源建设、活动组织等方面支持力度不够，出现信息素养教师队伍结构老化、教育平台资源更新不及时、教育效果不理想等问题。部分专业课教师对信息素养重要性认识不足，与信息素养教师配合不够，导致嵌入式信息素养教学效果不及预期，影响教学推广。由于信息素养教育大环境尚未形成，图书馆老师开展信息素养教育更多停留在文献检索、信息工具使用、学术道德规范等信息知识讲授层面，对于信息意识、信息能力培养缺少氛围的熏陶和实践的检验提升。

2. 信息素养教育未有效融入专业学习

目前很多高校图书馆开展的嵌入式信息素养课程教学仍处于探索阶段，主要形式是按照专业课教师的要求或专业教学的需要提出预约，由馆员讲授相关信息素养内容。极少院校有将信息素养教学与专业课教学统一纳入教学计划中去，由专业教师和馆员共同制定教学方案。信息素养教育内容与专业学习内容相对分离，未能有机结合起来助力大学生专业学习。究其原因，要更好地发挥嵌入式教学的优势，对图书馆馆员的综合素质要求比较高，不仅要具备一定的信息检索素养，还要具备一定的学科或专业素养；图书馆员还要与专业教师经常沟通，让专业教师了解信息素养教育内容，认同信息素养教育理念，并通过专业教师了解不同专业、不同学习阶段的学生信息需求，才能在教学过程中与专业教师更好合作，提供有针对性的信息服务，提升教学效果。

3. 缺少认可度高的权威评估指标体系

高校信息素养评估标准是高校信息素养教学的目标、信息素养评估的依据，是建立高校系统化信息素养教学体系的基础。在图书馆领域有很多国内学者围绕信息素养评估标准进行研究，提出很多版本的评估指标体系，但这只停留在学术层面。北京高校图书馆学会、教育部高等学校图书情报工作指导委员会信息素质教育工作组、中国科学技术信息研究所等组织先后发布高校学生信息素质指标体系，但由于这些发布单位为社团组织或研究机构，不具备权威性，其指标体系未得到广泛应用和推广。2018年，教育部高校图书情报工作指导委员会信息素养教育工作组发布《关于进一步加强高等学校信息素养教育的指导意见》，指出"信息素养教育评估是高等学校实施信息素养教育过程中的重要环节，应该根据办学目标和学科特点，拟定不同的评估方法和实施策略"。但是全国性的、引领性的权威评估标准缺位直接影响信息素养教育的推广普及和水平提升。

1.5.4 促进国内高校信息素养教育发展的思考与对策

1. 注重信息素养教育氛围的营造

像高等教育一样，高校信息素养教育也需要一个良好的校园氛围，只有这样才能切实提升教育效果。为此，教学主体和相关教学管理保障部门都应积极参与到氛围营造工作中。学校在制订规划计划和人才培养方案时应将开展信息素养教育提升大学生信息素养能力作为一项内容鲜明提出；教学主管部门应将信息素养竞赛作为学校年度例行开展的重要活动，鼓励引导广大教师、学生积极参与，通过比赛检验信息素养水平，提升学习动力；数字校园保障部门应加强信息化网络及平台建设，方便大学生随时随地访问信息资源；图书馆作为信息素养教育主力军，更应主动作为，将探究精神、批判思维、终身学习等最新教育理念融入到教育实践中，系统性、有针对性地提升大学生的综合信息素养水平。

2. 加强信息素养教学团队的建设

教师是大学生信息素养的播种者，在信息素养教育体系中处于关键核心位置。信息素养教学团队的综合水平直接影响着信息素养教学水平。图书馆员作为专职信息素养教学团队成员应具有良好的知识创新意识和教书育人使命意识，不断完善自身知识结构，及时吸收借鉴最新信息素养教学内容，综合运用情境式、案例式、探究式、游戏闯关式等多种教学模式，提高教学效果。在设计教学内容时，可以引导学生去探索不同信息的创建过程，理解信息的形成过程，从而有效评价信息，减少非理性信息行为，强化大学生信息价值观培塑。图书馆员还应与专业课教师合作建立教学团队，两者加强沟通，增进对彼此教学内容教学理念的理解把握，既能提升专业课教师的信息素养，也能提升嵌入式信息素养课程教学效果。

3. 丰富信息素养教育资源与平台

信息素养是终身学习的核心。信息素养课程或者专题讲座属于阶段性教育，不能伴随大学生学习全过程，而信息素养平台资源特别是移动端资源可以满足大学生随时随地学习以及长期学习的需求。围绕信息素养的概念内涵、基本理论以及学习、工作、生活中常用的信息检索、管理、展示、交流工具等，系统收集相关图书、期刊、案例、操作指南、慕课等文献资源，加工整理成当代大学生乐于接受的多媒体形式，例如短视频、动画、闯关游戏等。将这些资源整合到高校图书馆统一的平台或专栏中，方便用户查阅学习。同时顺应作为数字土著的当代大学生网络使用习惯，借助微信、微博、B站和抖音等新媒体宣传推广资源与平台，打造图书馆信息素养资源服务品牌。

4. 建立普适度高的信息素养框架

信息素养评估指标体系是高校开展信息素养教育的指导性文件，也是评估大学生信息素养水平的重要依据。美国大学与研究图书馆协会先后发布高等教育信息素养能力标准、信息素养框架，各高校和图书馆依据标准框架先后实施了很多信息素养评估项目，检验在校大学生的信息素养水平，了解在哪些方面做得比较好，在哪些方面还有所欠缺，为高校后续的信息素养课程教学提供参考，指引方向。近年来，国内高校信息素养教育实践取得显著发展，而大学生的信息素养整体水平到底如何却不得而知。因此，我国急需制定一套普适度高的全国性大学生信息素养框架，并以此为基础开展大规模的大学生信息素养评估实测，以准确评估学生的信息素养发展水平，并根据评估情况适时优化信息素养教学内容、教学方法。

第2章

文献信息检索基础知识

2.1 认识文献

2.1.1 文献的含义

按照《中华人民共和国国家标准·文献著录总则》规定，文献是记录有知识的一切载体。文献的构成主要有四大要素：①知识信息内容，文献的本质是知识信息，知识信息是文献的核心与灵魂，是文献最基本的要素。②信息符号，文献中记录知识和信息的符号形式有文字、图表、声音、图像等多种，文献中的知识和信息是通过这些符号形式被记录下来并为人们所感知的。③记录方式，文献记录方式就是将知识和信息附载在文献上的技术手段，如铸刻、书写、印刷、复制、录音、录像以及各种电子技术手段。④载体材料，即记录知识和信息符号的物质材料，也是信息和知识内容传播的媒介，如甲骨、简牍、绢帛、纸张、胶卷、磁带、磁盘、光盘、芯片等，是文献的外在形式。

2.1.2 文献的类型

按照不同的分类标准，文献可分为不同的类型。

1. 按文献的载体形式分

1）印刷型文献

印刷型文献是指以纸张为存储介质，以印刷技术为记录手段而产生的一种文献形式。如图书、报刊以及各种印刷资料。印刷型文献具有历史悠久、收藏丰富系统、使用方式灵活方便、保存时间相对较长的特点，是各级各类图书馆重点收藏和提供服务的基础内容。

2）缩微型文献

缩微型文献是一种以感光材料为存储介质，以缩微照相技术为手段而产生的一种文献形式。缩微型文献通常有缩微平片（Microfiche）和缩微胶卷（Microfilm）

两种形式。它主要用于保存过期文献，如报纸、档案、银行票据等，也有部分文献直接以缩微形式出版。其优点是存储密度高、体积小、重量轻、易保管且不易变质等。但缺点是阅读不方便，须借助缩微阅读机才能阅读。

3）声像型（视听型）文献

声像型文献是以感光材料或磁性材料为载体，以光学感光或电磁转换为记录手段而产生的一类文献。包括录像带、录音带、幻灯片、唱片、科技电影等。对于难以用文字表达和描绘的音像资料可达到如见其形、如闻其声的真切效果。

4）机读型文献

机读型文献又称为数字化文献，是通过计算机存储和阅读的文献类型。它以磁性或塑性材料为载体，以穿孔或电磁光学符号为记录手段，通过编码或程序设计，将文字语言编成计算机可识别的机器语言输入计算机，阅读时再以计算机将其内容输出。主要包括磁带、磁盘、光盘，以及各类数字出版物。

2. 按文献的加工层次分

1）零次文献（灰色文献）

记录在非正规物理载体上的未经任何加工处理的信息源称为零次信息，如交谈、书信、论文手稿、笔记、实验记录、会议记录、内部档案、论文草稿和设计草稿等，是一种零星的、分散的和无规则的信息。具有原始性、新颖性、分散性和不定型性等特征，传播范围有限，获取和利用难度较大。

2）一次文献

凡是作者在科学研究或生产实践中，根据科研成果、发明创造而撰写的文献称为一次文献。一次文献是最基本的文献信息源，也是文献检索和利用的主要对象，如图书、报刊、研究报告、学位论文、专利说明书、科技档案、技术标准和科技报告等。具有创新性、实用性和学术性等特征。

3）二次文献

二次文献是文献工作者对分散的、无序的一次文献，通过一定的方法加工、整理、归纳、简化，将文献的内外部特征著录下来，最后形成的有组织、有系统的检索工具，如书目、题录、文摘、索引等。二次文献是有效管理、控制、利用一次文献的工具，便于人们查找和利用各种分散的一次文献。

4）三次文献

三次文献是在一、二次文献基础上，经过综合分析之后所编写出来的各种综述、述评、词典、百科全书、年鉴、手册、专题评述、名录、汇编等。具有系统性、综合性、知识性和概括性的特点。

从零次到三次是一个从分散到集中、从无序到有序、从多到精对知识信息进行不同层次加工的过程，它们之间的相互关系如下：

零次和一次文献是最基本的信息源,是文献信息检索和利用的主要对象。

二次文献是一次文献的集中、提炼和序化,是文献信息检索的工具。

三次文献是把分散的零次到二次文献按照专题或知识门类进行综合、分析、加工而成的成果,是高度浓缩的文献信息,既是文献信息检索和利用的对象,又可作为检索文献信息的工具。

3. 按文献的出版形式分

1) 图书

凡是由出版社出版的不包括封面和封底在内不少于50页的,具有特定书名和著者名,有定价并取得版权保护的出版物称为图书,通常编有国际标准书号(ISBN)。图书是文献的主要形式,具有内容系统、全面、成熟、可靠的特点,但新颖性、快捷性稍弱,有助于人们比较全面系统地学习和研究各种知识与理论。通常可分为阅读性图书和工具性图书,阅读性图书通常包括教科书、学术专著、文集等,工具书包括百科全书、大全、年鉴、手册、词典、指南、名录、统计、图谱等。

2) 期刊

期刊是指有固定名称、统一出版形式和一定出版规律的定期或不定期连续出版物,通常编有国际标准刊号(ISSN)或国内统一刊号(CN)。具有周期短、内容新颖、信息量大、发行面广的特点,能及时传递最新科技信息,是交流学术思想最基本的文献形式。可分为学术性期刊和通俗性期刊,学术性期刊又可分为核心期刊和一般期刊。

3) 报纸

报纸是具有固定名称,定期连续发行或发布新闻、评论、时事或娱乐等各类信息的出版物,具有受众面广、发行量大、信息量大、时效性强、影响力大等特点,也是一种重要的信息源。

4) 科技报告

科技报告是指国家政府部门或科研生产单位关于某项研究成果的总结报告或阶段性报告。每份报告自成一册,通常载有主持单位、撰写者、密级、报告号、研究项目号和合同号等。可分为技术报告、技术备忘录、札记、通报和其他(译文、专利)等类型。美国政府的PB、AD、NASA、DOE四大报告在国际上很著名。PB(Publishing Board,商务出版局报告)主要收录各种民用科技和生物医学报告。AD(ASTIA Document, Armed Services Technical Information Agency Document,武装部队技术情报局报告)主要收录军事科技方面的文献资料。NASA(National Aeronautics and Space Administration,航空航天局报告)主要收录航空航天及相关学科成果的综合性科技报告。DOE(Department of Energy,能源部报告)主要收录能源部所辖实验室、能源技术中心和情报中心以及合同单位发表的科技报告。

5）会议文献

会议文献是在各种会议上宣读和交流的论文、报告和其他有关资料。特点是专业性强、内容新、学术水平高、出版发行较快，是了解新动向、新发现的重要信息源。可分为会前文献和会后文献两类，会前文献主要指论文预印本和论文摘要，会后文献主要指会议结束后出版的论文汇编（会议录）。

6）政府出版物

政府出版物是各国政府部门及其专设机构所出版的文献，可分为行政性文件（国会记录、政府法令、政策、统计等）和科技文献（科普资料、技术政策等）。具有正式性和权威性的特点。

7）专利文献

广义上讲专利文献是一切与专利制度有关的文件的统称，其内容集技术、经济、法律于一体，包括专利说明书、专利公报、专利分类表、专利检索工具以及专利相关法律性文件。狭义上专利文献就是专利说明书。专利说明书是指专利申请人向专利局递交的有关发明目的、构成和效果的技术文件。具有新颖性、创造性和实用性的特点。

8）标准文献

标准文献是一种标准化工作的规范性技术文件。具有严肃性、法律性、时效性和滞后性的特点。

9）学位论文

学位论文包括学士、硕士、博士论文三种，对相关课题研究工作具有较大的参考价值。

10）科技档案

科技档案是由主体在生产、科研、管理活动中形成的，对国家和社会具有保存价值、应当归档保存的科技文件资料，是科研工作中用以积累经验、吸取教训的重要文献，一般为内部使用。

2.1.3 文献的重要作用

文献具有保存和传播信息、知识的功能，是人类科技、文化得以保存和发展的重要支撑。对于科研人员来讲，文献是认识和改造世界的重要资源，是进行学术研究、科学交流、获取科技情报、学习或传授知识的重要工具，是了解某一学科、某一组织、某一国家和整个世界学术水平、科研成果的重要标志。

文献在科学和社会发展中所起的作用主要有：①是科学研究和技术研究的最

终表现形式；②在空间和时间上传播信息、知识、情报的最佳手段；③确认科研人员对某一发明、发现优先权的基本手段；④衡量研究人员创造性和劳动效率的重要指标；⑤是研究人员自我表现和确认自己在某一研究中地位的手段；⑥构成人类的知识宝库的重要组成部分，是全人类的财富。

2.1.4 文献的著录特征及其识别

著录（Description）也称描述，是编制文献目录时对文献内外部形式特征进行分析、选择和记录的过程，它将文献的内外部特征记录下来形成一个个款目，再由众多款目编辑为一个完整的目录供人查询检索文献。有正确的著录才能正确识别文献，也就是说著录是检索文献的基础。

根据《中文文献著录规则》《西文文献编目条例》《文后参考文献著录规则》等官方标准，著录需要记录的信息源包括主要信息源和规定信息源等两种，不同的文献类型有不同的著录要求。识别就是根据著录信息还原、查找文献本身的过程。

1. 图书

图书的著录项目一般包括题名（包括正题名、副题名、并列题名）、责任者（包括著者、编者、译者等）、出版信息（包括出版者、出版时间、出版地、版次等）、印刷信息（包括印刷者、印刷地、印次等）、语种、篇幅、国际标准书号（ISBN，International Standard Book Number）。

图书的识别主要依据出版项、国际标准书号、篇幅等项目。图书的文后参考文献类型标志是［M］。

2. 期刊

期刊的著录项目一般包括题名（刊名）、出版年月、卷期号、国际标准连续出版物号（ISSN，International Standard Series Number）、国内统一刊号（国内统一连续出版物号，即CN号）、国内邮发代号等。

期刊的识别主要依据卷期号、题名、国际标准连续出版物号、国内统一刊号等。期刊的文后参考文献类型标志是［J］。

3. 科技报告

科技报告（Scientific and Technical Report）的著录项目一般包括题名（篇名）、责任者、责任者单位、报告号、出版时间。

科技报告的识别主要依据报告号。科技报告的文后参考文献类型标志是［R］。

4. 会议文献

会议文献（Conference Literature）的著录项目一般包括题名、责任者、责任者单位、会议录题名、会议信息（会议名称、时间、地点、主办单位）、会议录出版信息等。

会议文献的识别主要依据会议信息、会议录出版信息等。会议文献的文后参考文献类型标志是［A］（会议录论文）和［C］（会议录）。

5. 专利文献

专利文献（Patent Literature）的著录项目一般包括专利名称、专利申请人、申请人单位、专利权受让人或单位、专利授权时间、专利国别、专利号。其中专利国别代码由国际标准化组织（ISO）规定。

专利文献的识别主要依据专利国别和专利号。专利文献的文后参考文献类型标志是［P］。

6. 学位论文

学位论文的著录项目一般包括题名、责任者、学位类型、授予学位单位、导师或答辩委员会顾问姓名、发布时间、篇幅等。

学位论文的识别主要依据题名、学位名称、导师姓名、授予学位单位等。学位论文的文后参考文献类型标志是［D］。

7. 标准文献

标准文献（Standard Documents）的著录项目一般包括标准号、标准制定单位、标准名称等。

标准文献的识别主要依据标准号。标准文献的文后参考文献类型标志是［S］。

8. 政府出版物

政府出版物（Government Publications）的类型比较多样，因此其著录和识别一般以其具体的文献形式的著录和识别为准。

9. 档案文献

档案文献（Archival Documents）的著录通常以《中华人民共和国档案法》之有关规定和学术规范及各档案管理机构的工作细则为准，由于其特殊的使用方式在此不作展开。

2.2 信息检索的概念和原理

广义上的信息检索（Information Retrieval）亦称情报检索，是指将信息按一定的方式组织和储存起来，并根据用户的需要找出有关信息的过程。

狭义上仅指信息查询（Information Search），即用户根据需要，采用一定的方法，借助检索工具，从信息集合中找出所需信息的查找过程。

信息检索的本质是信息用户的需求和一定的信息集合的比较和选择的过程，即匹配的过程。

2.3 信息源与信息检索工具

2.3.1 信息源

信息源就是产生信息的源头，也是人们获取信息的来源。由于信息是一切物质的属性，因此"万物皆是信息源"。

信息源的分类：

（1）体载信息源，指以人体为载体并能为他人所识别的信息，按其表达方式可分为口头信息源和体语信息源。

（2）实物信息源，指以物质为载体通过观察来传播的信息源。

（3）文献信息源，指以文字、图形、符号、音频、视频等方式记录在各种载体上的知识和信息。这类信息源是当前数量最大、利用率最好的一类信息源。

（4）网络信息源，是通过计算机网络可以利用的各种信息资源的总和。在范围上不仅包括互联网上的信息资源，也包括各种局域网和广域网上的信息资源。

文献信息源和网络信息源是学习、工作和研究中使用最多的两种信息源类型。

2.3.2 信息检索工具

检索工具是指人们用来存储、报道和查找信息的工具，具体地说，就是汇集各种信息并按照特定方法编排，以供查考的工具或系统。具有存储和检索两方面基本功能。

按照加工处理信息的手段不同，可将信息检索工具分为印刷型检索工具和计算机检索工具。

印刷型检索工具是计算机检索系统普及前应用最广泛的一类检索工具，主要包括参考工具书和检索工具书两种类型。参考工具书是能为读者提供所需具体资料的工具书，检索工具书是在一次文献的基础上，整理编制出的提供文献信息线索的二次文献。

计算机检索工具又称计算机检索系统，是利用电子技术、计算机技术、网络通信技术等构成的用于存储和查找信息的检索系统，包括各类文献信息数据库、联机数据库、网络搜索引擎，以及各类网站分类目录等。

2.4 信息检索的流程与技术

2.4.1 信息检索流程

信息检索的基本流程：分析课题→选择信息检索工具→确定信息检索方法→掌握获取信息的线索→获取信息→分析与评价。

1. 分析课题

明确课题所涉及的专业范围，找出需要研究解决的关键问题，明确课题的性质和检索要求，明确检索的目的是查新、查准还是查全。

2. 选择信息检索工具

根据需要选择检索工具，主要考虑以下几个方面的因素。

全面性：要了解检索工具收录的范围和使用权限限定等因素。

针对性：要选择与检索课题学科相一致、并尽量选用该学科的权威性检索工具。

便捷性：检索途径是否完善。

可获得性：是否有替代方式。

3. 确定信息检索方法

先是要确定信息检索途径，检索途径往往不止一种，应根据已掌握的信息特征来确定检索途径。而后是要构建检索式，当前主要的检索方式是计算机检索，因此需要构建计算机系统可识别的检索表达式。

将检索式输入检索系统进行试检，如果效果满意则输出结果，如果效果不佳则分析原因，修改并调整检索策略重新检索直至满意为止。检索策略包括检索式、检索词、选择检索系统等几个方面。

4. 掌握获取信息的线索、获取信息

如果使用的是直接提供信息的检索工具，则可直接获取全文或所需的事实性信息。如果使用的是二次检索工具，则通过其中的线索，获取原文。

5. 分析与评价

检索效果的评价指标主要有两个：查全率和查准率。

查全率（Recall Factor）是指系统在进行某一检索时，检出的相关文献量与系统文献库中相关文献总量的比率，它反映该系统文献库中实有的相关文献量在多大程度上被检索出来。

查准率（Precision Factor）是指系统在进行某一检索时，检索的相关文献量与检出文献总量的比率，它反映每次从该系统文献库中实际检出的全部文献中有多少是相关的。

通常来说，同一系统中检索结果的查全率与查准率之间存在互逆相关性，所以要根据需要合理平衡二者的关系。

2.4.2 信息检索技术

1. 布尔逻辑检索

布尔逻辑检索包括运算符和位置符两种符号。

布尔逻辑运算符：与（and 或 *）、或（or 或 +）、非（not 或 -）。布尔逻辑位置符：with 两个词同时出现在同一文献的同一字段，near 两个词同时出现在同一个子字段（一句话里），Near# 两个词在同一文献同一字段，两个词之间有 0-# 个单词，# 为常数。

运算次序：not>and>near>with>or，加括号可以改变运算次序。

注意事项：

（1）遵守运算规则；

（2）检索式只有 and、or，则前后检索词可以交换；

（3）检索式中有 not 时前后检索词不能交换。

2. 截词检索

截词检索指在检索词合适的位置进行截断，然后使用截词符（通配符）进行处理，以免漏检提高查全率的检索技术。

按截词位置可分为三种类型：截前，后方一致；截中，两侧一致；截后，前方一致。

按截断的字符数分为两种类型：有限截词和无限截词。

3. 位置检索（邻近检索）

位置检索是用一些特定的算符来表达检索词与检索词之间的邻近关系，并且可以不依赖主题词表而直接使用自由词进行检索的方法。可弥补布尔逻辑检索和字段限制检索的不足，提高检索效率。

位置检索运算符（以 DIALOG 为例）：（w）算符，w 含义为 with，表示两侧检索词必须紧密相连，除空格和标点符号外不插入其他词或字母，两词的词序不可颠倒。

（nw）算符：n 为常数，w=word，表示两侧检索词必须按此顺序排列，顺序不可颠倒，两词之间最多有 n 个词。

（N）算符：N=near，表示两个检索词必须紧密相连，除空格和标点符号外，不得插入其他字母或单词，但两个词顺序可以颠倒。

（nN）算符：表示允许两个词之间插入最多 n 个其他单词，包括实词和系禁用词。

（F）算符：F=field，表示两侧检索词必须在同一字段中出现，词序不限，中间可插入任意检索词项。

（S）算符：S=Sub-field/sentence，表示两侧的检索词只要出现在记录的统一子字段内，此信息即被命中；两个词必须同时出现在一句话中，不限制相对次序和中间插入词的数量。

4. 限定检索

限定检索系统在某个字段内查找检索词。

5. 全文检索

将检索词直接与全文或系统建立的索引进行匹配的一种检索方法。主要分为关系型全文检索系统、层次型全文检索系统和面向对象的全文检索系统及自动标引技术三种类型。

6. 引文检索

指对文章的参考文献进行的检索，是从学术论文中引证关系入手进行检索的一种方法。

引文检索可以指导编制各种新型检索工具，为科学管理提供量化依据，探讨科学的结构、评价，选择期刊，考察科学著作及科学家的社会影响等。

第3章

图书信息检索

3.1 文献分类法

3.1.1 分类法的概念

文献分类法亦称文献分类语言，一般是指根据类目之间关系组织起来的，并配有一定标记符号的类分文献的工具。分类语言是用分类号等表达信息内容，目的是系统地加以划分和组织的语言。主要有体系分类语言、组配分类语言和混合分类语言三种类型。

3.1.2 分类法的结构

按各组成部分的功能分为类目体系、标记符号、说明与注释、类目索引。按构成形式分为编制说明、主表、副表、类目索引。

标记符号亦称分类号，是文献分类法中用于表示类目的代号，具有固定类目次序、显示类间关系的功能。

类间关系主要有以下四种。

（1）从属关系：类目体系中的一个类与其直接区分出来的子类之间的关系。被区分的是上位类（母类），区分出的是下位类（子类）。上位类必然包括下位类的外延，下位类必然具有上位类的属性。上下位是相对的，通过连续划分形成的一系列具有从属关系的类目称为类链或类系（Chain of Class）。从属关系的类目主要包括属种、整部、方面等类型。

（2）并列关系：同位类之间构成的关系。同位类即由同一个上位类区分出来的、处于同等地位的一组类目。它们都带有上位类的属性，又有种差。类目体系中处于相同等级但不属于同一上位类的一组类目称为同级类。

（3）交替关系：类目体系中具有多种从属关系的知识门类设置的使用类目与相应交替类目之间的关系。

（4）相关关系：类目之间除从属、并列、交替等方式以外的其他联系。分类体系通常以类目参照的方式补充揭示被线性序列分散了的类目间的其他联系。

类目参照一般用于内容上存在着密切联系，但在分类体系中被分散了的类目之间，以互逆的方式在相关门类下注明。

3.1.3 中图法

中图法即《中国图书馆分类法》，是我国编制出版的一部具有代表性的大型综合性分类法，是当今国内图书馆使用最广泛的分类法体系。中图法诞生于1973年，编成后随着时代发展经过多次重修和拓展，经过几十年的使用和完善，体系已经十分完备，是一部科学高效的分类法。中图法将人类全部的文明分为5大部类22个大类，用英文字母与数字及符号代表类目。具体各大类设置如表3-1所示。

表3-1 中图分类法

大类标记符号	大类名称	大类标记符号	大类名称
A	马克思主义、列宁主义、毛泽东思想、邓小平理论	N	自然科学总论
B	哲学、宗教	O	数理科学和化学
C	社会科学总论	P	天文学、地球科学
D	政治、法律	Q	生物科学
E	军事	R	医药、卫生
F	经济	S	农业科学
G	文化、科学、教育、体育	T	工业技术
H	语言、文字	U	交通运输
I	文学	V	航空、航天
J	艺术	X	环境科学、安全科学
K	历史、地理	Z	综合性图书

3.2 图书的编号

图书的编号是便于识别图书的一种方式，通常图书会涉及多种编号，每种编号都有其作用，如国际标准书号、图书在版编目（CIP）核字号、分类号、索书号、登录号等。

1. 国际标准书号（ISBN）

ISBN是专门为识别图书等文献设计的国际通用编号，由13位数字组成，分为5个区段，每个区段用"-"分隔。

第一段3位数字是前缀码，978/979代表图书的含义。

第二段1位数字是国家、语言或区位代码，我国的代码是7。

第三段是出版机构代码，由出版机构所在国家或地区的ISBN中心分配，规模越大的出版社机构代码越短越小。

第四段是书序码，由出版机构自行给定，由1~6位数字组成，规模越大的出版机构书序码越长越大。

第五段1位数字是校验码，由前12位数字按照一定的算法计算后除以10的余数得到，主要用于检验前面的数字是否正确，也是辨别盗版书籍保护知识产权的一种方法。

2. 图书在版编目（CIP）数据核字号

CIP数据核字号是CIP主管部门赋予图书CIP数据的标准号码，由10位数字组成，分为2段。CIP数据核字号与出版机构向主管部门申报CIP数据的图书一一对应。

第1段前4位数字为年份。

第2段后6位数字为该图书数据被核准的流水记录号。

3. 分类号

分类号是图书所属的分类的代码，通常是该图书所属的中图分类号。在我国除《中图法》外也有其他同行范围较小的分类法，如《科图法》《军分法》等。在CIP数据中，可以看到图书的中图分类号。

4. 索书号

索书号是图书馆给图书赋予的一串编号，用以"按号索书"。不同图书馆采用的索书号标准不同，常见的索书号构成方式有中图分类号+种次号/书次号和中图分类号+著者号。

5. 登录号（条码号）

在图书馆收藏的图书除ISBN号的条码外通常还有一个图书馆自生成的条码，这个条码对应的号码通常是图书馆为馆藏图书或其他信息资源赋予的登录号。登录号是图书馆给馆藏资源拟定的身份证号，每一册图书的登录号都是唯一的，因此登录号可精确区分每一种图书下的每一册复本，保证图书馆流通借阅的精确操作。

3.3 馆藏图书的查询与利用

3.3.1 OPAC系统介绍

OPAC（Online Public Access Catalog）系统是图书馆公共联机目录检索系统的简称，用户可使用该系统在图书馆馆藏目录中检索自己需要的图书、期刊等文献资源。

3.3.2 馆藏查询与借阅

图书馆馆藏图书可通过OPAC系统进行检索。读者通过图书馆网站或馆内布设的综合查询机进入OPAC系统，在检索框中输入所需图书进行查询，如果馆内有所需图书，则记录下该书索书号前往图书馆相应位置，并在书架上查找所需图书。

部分OPAC系统还提供图书定位、3D导航路径规划等辅助查找图书的功能。找到图书后在图书馆服务台或自助服务设备上办理借阅手续。

3.4 电子图书的查询与利用

3.4.1 常见电子书格式

常见的电子书文件格式有TXT、HTML、PDF、EPUB、MOBI、AZW3等。

1. TXT

TXT是常见的文本格式，支持多种主流阅读器。这种格式比较简单，空间占用小，但无法插入图片。

2. HTML/MHT/CHM

这些格式可以在线阅读也可以下载到本地。下载到本地时HTML文件里的图片会存储在一个单独的文件夹中，MHT文件则会全部保存到一个文件里，方便存储和传播。

CHM是微软推出的一种帮助文件格式，可以将其理解为自带一个浏览器的HTML文件，因此无须借助其他浏览器即可直接打开，相比于HTML格式更适合用来制作电子书。

3. PDF

PDF是一种通用的文档格式，方便阅读的同时不宜修改，很适合做电子书。

4. EPUB

EPUB是一个专门的电子书格式，由国际数字出版论坛提出制定，阅读该格式的电子书需要专用的阅读器，目前不少智能手机已实现内置EPUB阅读器。

5. MOBI/AZW3

这两个格式是亚马逊旗下电子书的格式，可在Kindle阅读器中直接阅读。

3.4.2 电子书数据库

电子书数据库是专门提供电子书阅读和下载服务的数据库，主要有如下几个特点：一是藏书规模宏富。二是可根据用户的使用习惯提供多种阅读方式，如网页版阅读、PC客户端阅读、手机APP阅读、下载本地阅读等。三是通常需要访问权限。

常用的商业电子书数据库有超星电子书、京东电子书、Springer电子书等。另外还有免费电子书数据库，如古登堡计划、世界数字图书馆、古籍影印网站书格、面向公众免费提供公共文化服务的公共图书馆或高校图书馆的数据库等。

电子书搜索也是免费获取电子书的一种渠道，可通过普通搜索引擎、网盘搜索、垂直搜索等渠道，也可使用专用搜索引擎，如鸠摩搜索。

3.4.3 电子书的利用

电子书的利用主要是在获取到电子书之后进行阅读，阅读时需注意电子书的格式，并使用适配兼容这些格式的阅读器或设备阅读。

电子书的利用要高度重视版权问题，即使无意中超范围传播和使用电子书也有构成版权侵权的风险。因此需仔细阅读使用规则，在使用电子书时以满足个人阅读、学习、科研所需为首要目的，而不能以营利为目的。要避免不必要的私下传播，对于有明确限制的电子书或有盗版侵权风险的电子书则一定不能通过公开渠道进行大范围的传播。

第4章

中文学术论文数据库检索与利用

4.1 学术数据库

获取学术论文有多种途径，学术论文数据库是其中比较重要的一个。与计算机专业当中的数据库的概念不同，学术论文数据库是一个存储学术信息资源的计算机系统。早期的学术论文数据库有光盘版、局域网版、镜像版，现在大多数学术论文数据库是可以通过互联网访问的网站。

4.1.1 学术数据库概念

学术数据库指的是存储论文等学术信息资源系统。在这些系统中，大量期刊、会议、学位论文、研究报告、成果等学术类信息资源经过数字化处理、标引、存储，并提供检索、分析、阅览、下载等个性化服务。

4.1.2 学术数据库的特点

学术数据库具有以下四个特点：

（1）文献规模较大。收录文献的规模是衡量学术数据库优劣的一个重要指标，所以各大学术数据库都力求收录尽可能多的学术文献。例如，中国知网基本上收录了全部公开出版的中文学术期刊论文的全文；维普中文期刊数据库虽然没有把中文学术期刊全文收齐，但中文期刊的题录数据基本都能检索到，而且还收集了很多内部发行或发行范围较小的期刊内容；有些数据库直接在检索页面上标注"独家出版"，表示它享有该论文的独家网络出版权。

（2）更新及时。学术论文数据库一般密切关注收录范围内信息源的内容变动并及时更新，有些学术数据库的文献更新甚至早于纸质文献的出版，例如在中国知网中，检索结果页面常常可以看到有"网络首发""录用定稿"等标志的论文，其实就是早于印刷版的文献。

（3）便于检索。现在大多数学术数据库都提供丰富且人性化的检索功能。既有简洁易用的一站式检索，也有功能强大的高级检索；既有图形化的检索界面，也支持用表达式实现检索意图的专业检索；既提供各种各样的检索点或检索字段，又支持布尔检索、截词检索、精确匹配等检索技术。

（4）提供分析管理功能。对检索结果的分析和管理是学术数据库的重要功能。现在越来越多的学术数据库提供排序、分组、题录导出、检索报告生成、发文量统计、贡献分析、聚类分析等各种分析管理功能。

4.1.3 学术数据库的种类

学术数据库依照不同的标准可以划分为不同的类型：

（1）依据收录文献类型不同，学术数据库可以分为期刊论文数据库、学位论文数据库和会议论文数据库等。有些数据库则属于综合类的学术数据库。例如中国知网、万方等，收录的文献除了期刊论文、会议论文、学位论文等学术论文资源，还包括其他科技报告、科技成果等一些学术类的信息资源。

（2）依据文献的语种不同，学术数据库可以分为中文数据库和外文数据库。常见的中文数据库包括中国知网、万方、维普等，常见的外文数据库包括Web of Science、Springer、ScienceDirect、EBSCO等。

（3）依据是否提供学术资源全文，学术数据库可以分为全文数据库和题录索引数据库。有些数据库提供全文阅览和下载服务，如中国知网、万方、维普等；有些只能提供题录数据，如Web of Science、SCOPUS等。有些数据库尽管可以查到很多题录，但只提供部分全文。可能的原因有该数据库本来就没有把全文收录完整，或是用户只购买了部分文献的全文。

（4）依据是否收费，学术论文数据库可以分为商业数据库和免费数据库。在商业数据库中，有些是完全免费的，有些属于半收费性质，如中国知网、万方、维普等，检索功能是完全免费，需要获取全文的时候才需要付费；而ScienceDirect等一些数据库除检索免费外，其中的部分论文的（Open Access开放获取）全文也免费，只是要获取其他论文的全文，需要付费。还有一部分数据库是完全免费的，比如预印本系统。

4.1.4 学术数据库的访问权限

对于免费的学术论文数据以及商业学术论文数据库的免费功能，访问基本没有什么限制，只要能访问互联网即可使用，需要考虑访问权限的主要是商业数据库的收费问题。

商业数据库的收费方式主要有两种：一种是直接向个人收费，另一种是向集团用户收费。以中国知网为例，用户可以购买中国知网的充值卡进行付费下载。

不过更多的情形是图书馆集中采购中国知网的访问权限，符合条件的图书馆用户可以免费使用其所购买的数字资源。

图书馆集中购买以后，向用户授权的方式主要有以下几种：一是指定网络IP地址范围，在这个范围一般是校园网内，用户可以免费使用；二是身份认证，用学号等信息认证后，通过手机APP可以免费使用图书馆购买的资源；三是账号登录，通过图书馆提供的数据库登录账号，在校外使用；四是利用VPN（虚拟专用网络），用户在校外登录VPN以后即可使用。

4.2 中文三大学术论文数据库

中国知网、万方、维普是三个国内比较常用的中文学术数据库。其中，维普是中文期刊论文数据库。中国知网和万方属于综合性学术数据库，其中包含期刊论文数据库、学位论文数据库和会议论文数据库等。

4.2.1 中国知网（CNKI）

1998年，世界银行提出"国家知识基础设施"（National Knowledge Infrastructure，NKI）的概念。中国知识基础设施工程（China National Knowledge Infrastructure，CNKI）是以实现全社会知识资源传播共享与增值利用为目标的信息化建设项目，由清华大学、清华同方1999年6月发起，现已建成了世界上全文信息量规模最大的"CNKI数字图书馆"，收入的文献涵盖期刊论文、学位论文、会议论文、专利文献、标准文献、科技成果、电子报纸、统计年鉴、工具书等诸多类型。尽管是一个商业数据库，但中国知网的检索功能是免费开放的，通过互联网登录知网的网站即可免费检索，知网的访问地址为https://www.cnki.net。

在知网中，既可以用好学易用的一框式检索，也可以用高级检索、专业检索、作者发文检索、句子检索、知识元检索、引文检索等功能强大的检索方式。

知网的期刊论文和会议论文可以在线阅览，也可以下载全文。全文的文件格式有两种，分别是PDF和CAJ。知网收录的学位论文没有提供PDF全文格式，下载的文件需要用知网专用的CAJ阅读器打开。

CNKI数据库的主要特点：

（1）海量数据的高度整合，集题录、文摘、全文文献信息于一体，实现一站式文献信息检索。

（2）设有包括全文检索在内的众多检索入口，用户可以通过某个检索入口进行初级检索，也可以运用布尔算符灵活组织检索提问式进行高级检索。

第4章 中文学术论文数据库检索与利用

（3）具有引文连接功能，除了可以构建相关的知识网络外，还可用于个人、机构、论文、期刊等方面的计量与评价。

（4）全文信息完全数字化，通过免费下载的最先进的浏览器，可实现期刊论文原始版面结构与样式不失真的显示与打印。

1. 中国知网检索方式

中国知网提供快速检索、高级检索、专业检索、作者发文检索、句子检索、知识元检索、出版物检索、指数检索等多种检索入口，下面介绍其中8种常用检索方式。

1）检索方式一：快速检索

它是系统默认的检索方式，该检索类似搜索引擎，用户只需要输入检索词，点击搜索按钮就可查到相关的文献（图4-1）。与搜索引擎不同的是，CNKI的快速检索可以直接进行检索字段的切换，可以把系统默认的主题检索切换为关键词、篇名、作者、单位等，限定框内所填检索词的内容或者位置。

图4-1　CNKI快速检索

2）检索方式二：高级检索

点击快速检索页面检索框右边的"高级检索"，进入图4-2所示的高级检索界面。高级检索将检索过程规范为三个步骤：

（1）输入文献全文、篇名、主题、关键词等内容检索条件。

（2）勾选发表时间、基金文献等检索控制条件。

图4-2　CNKI高级检索

（3）对检索结果进行分组排序、反复筛选并修正检索式以得到最终结果。

以学术期刊类为例，高级检索基本步骤如下：

（1）选择检索项。在字段下拉框里选取要进行检索的字段。

（2）输入检索词。需要注意的是，输入的检索词不仅可以是单个检索词，还可以是用运算符连接的检索表达式。CNKI用加号、星号、减号和括号进行同一检索点下多个检索词的组合运算，其中加号、星号、减号分别表示"或""与""非"三种布尔逻辑关系。

（3）确定检索词之间的逻辑关系。在检索词文本框里输入检索词，检索词为检索字段中出现的检索词。当按相关度进行排列时，其出现的频率越高，数据的排序越靠前。然后，确定各检索词之间的逻辑关系，各检索词输入框之间设有逻辑运算符下拉框，有"并含""或含""不含"3个选项。

（4）期刊年限。目前，全文数据最早追溯至1915年，用户检索时可在1915年至当前年份任意限定。

（5）更新时间。其选项包括不限、最近一周、最近一月、最近半年、最近一年等。可限定更新时间的范围。

（6）选择期刊来源类别。其选项包括全部期刊、SCI来源期刊、EI来源期刊、核心期刊、CSSCI、CSCD。

（7）限定匹配方式。包括模糊匹配和精确匹配。模糊匹配是指不管词的位置怎样，只要出现该词即可；精确匹配是指只有整个字段与检索词相同才能匹配。不同检索点下，"精确"和"模糊"的含义是有区别的。例如，在作者单位、期刊名称检索点下，"精确"指的是完全一致，"模糊"指的是包含关系；而在"篇名"检索点下，"精确"指的是不能拆分检索词，实际上是包含关系，"模糊"也是包含关系,但检索词是可以拆分的。

(8)点击"检索"按钮,查看检索结果。

(9)分组浏览。分组浏览有6个选项,分别是主题、发表年度、研究层次、作者、机构、基金,在检索结果页面可逐个点击查看。

(10)选择排序方式。检索结果的排序方式有相关度、发表时间、被引、下载4个选项。每页显示的记录数:10条、20条或50条。

3)检索方式三:专业检索

使用逻辑运算符和关键词构造检索式进行检索,一般多用于图书情报专业人员查新、信息分析等工作,是一种专业指令来表达信息需求的方法(图4-3)。检索框右边有"检索表达式语法"供检索者参考。因为使用专业逻辑检索表达式,能产生精准的逻辑检索效果,对于检索的内容定位非常精确。

图4-3 CNKI专业检索

需要说明的是,用表达式进行检索流行于20世纪80年代末90年代初,随着计算机图形化界面逐渐完善,以及互联网的普及,很多功能被图形化的界面替代,用得越来越少。

4)检索方式四:作者发文检索

作者发文检索是根据作者姓名、单位等信息查找作者发表的全部文献及被引和下载情况。通过作者发文检索不仅能找到某一作者发表的文献,还可以对检索结果进行分组筛选,全方位地了解该作者的主要研究领域、研究成果等情况(图4-4)。

5)检索方式五:句子检索

句子检索是通过用户输入的两个关键词,查找共同包含这两个词的句子或段落。由于句子中包含了大量事实信息,通过检索句子可以为用户提供有关事实的问题答案。可以在全文的同一段或者同一句话中进行检索。同句是指两个标点符号之间,同段是指五句之内。该检索方式通过为用户检索包含与这两个关键词相关句子,直接定位精准文献(图4-5)。

图4-4 CNKI作者发文检索

图4-5 CNKI句子检索

6)检索方式六:知识元检索

知识元是不可再分割的具有完备知识表达的知识单位,是显性知识的最小可控单位。从类型上分,包括概念知识元、事实知识元和数值型知识元等。中国知网的知识元检索的原理是将文献库中的学术术语、概念、数字、图形、表格等这样的知识源元信息提取出来,为用户提供比如一个学术概念的定义,它的相关文献、统计数据以及图表等信息，目前支持百科、手册、工具书、图片、统计数据、指数等的单库检索（图4-6）。

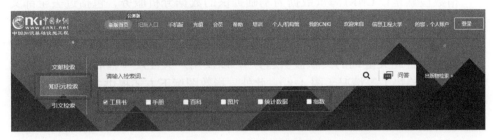

图4-6　CNKI知识元检索

7）检索方式七：出版物检索

出版物检索又称出版来源导航检索，主要包括期刊、学位授予单位、会议、报纸、年鉴和工具书的导航系统。每个产品的导航体系根据各产品独有的特色设置不同的导航内容（图4-7）。

图4-7　CNKI出版物检索

每个产品的导航内容基本覆盖自然科学、工程技术、农业、哲学、医学、人文社会科学等各个领域，囊括了基础研究、工程技术、行业指导、党政工作、文化生活、科学普及等各种层次。

8）检索方式八：指数检索

指数检索是以CNKI海量数据为基础提供的数据分析服务，包括过去全部文献出版年、近10年、5年中，关于检索词的学术关注度（篇名包含此关键词的文献发文趋势）、媒体关注度（篇名包含此关键词的报纸文献发文趋势）、学术传播度（篇名包含此关键词的文献被引趋势），以及用户关注度（篇名包含此关键词的文献下载趋势）等情况（图4-8）。此外，指数图标下方还提供关于检索词的相关文献、学科分布、研究进展、机构分布等。这种检索方式可让检索者对自己感兴趣的内容有一个全方位、深度的认知，并且可以发现和跟踪当前的学术热点。

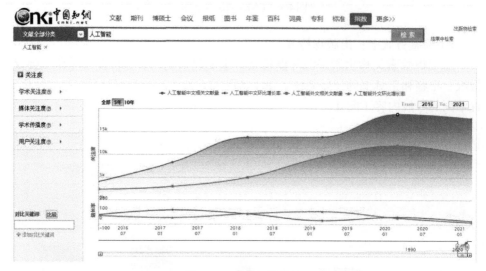

图4-8　CNKI指数检索

2. 中国知网检索结果处理

CNKI平台对检索结果有多种处理方式。

1）二次检索

如果执行一次检索后命中文献数量过多，可使用二次检索在检索结果范围内重新进行查找。点击"结果中检索"按钮可进行二次检索。

2）浏览结果

检索结果列表显示的信息有序号、篇名、作者、来源、发表时间、数据库、被引、下载、阅读、收藏等。点击一篇期刊文献篇名，可查看该条记录的详细内容，如作者、刊名、摘要、相似文摘、引文网络、关联作者、相关基金文献等。勾选多条记录再点击"批量下载"，会同时下载多篇论文并打包成一个压缩文件。

3）下载保存

方法1：点击题名右边的"下载"按钮，在出现的"文件下载"窗口选择"保存文件"，确定保存路径后，点击"确定"即可。

方法2：点击题名，打开详细记录显示页面，点击"CAJ下载"或"PDF下载"，出现如方法1一样的对话框，其后操作同方法1。

方法3：打开文献全文进行浏览后，可使用CAJ浏览器提供的保存功能将文章下载。

4.2.2 万方

与CNKI类似，万方也是一个重要的学术数据库品牌，旗下有多个学术数据库。收录的文献以中文为主，包括期刊论文、学位论文、重要学术会议论文、专利、科技报告、科技成果、标准、法规、地方志等十余种资源类型，覆盖自然科学、工程技术、医药卫生、农业科学、哲学政法、社会科学、科教文艺等学科领域。网址是：https://www.wanfangdata.com.cn（图4-9）。

图4-9 万方首页和快速检索

万方数据知识服务平台提供快速检索、高级检索、专业检索、作者发文检索等多种检索方式，检索功能完全开放，获取全文需要购买相应权限。购买后，在学术论文检索结果中可以下载全文。

1. 万方检索方式

万方数据知识服务平台主要提供了基本检索、高级检索、专业检索、作者发文检索等四种检索方式。

1）基本检索

基本检索为首页默认检索方式。可以选择""（双引号）进行精确匹配的限定，同时还可以在检索框中直接使用括号及布尔逻辑算符构建检索表达式。

2）高级检索

高级检索是在指定的范围内，通过增加检索条件来满足用户更加复杂的检索要求，从而检索到满意的信息。首页基本检索框右侧有高级检索链接。打开高级检索界面，可以对文献类型、检索字段、发表时间进行限制选择（图4-10）。

图4-10　万方高级检索

高级检索页面还提供智能检索功能。中英文扩展：基于中英文主题词典和机器翻译技术，扩展英文关键词检索；主题词扩展：基于超级主题词表，扩展同义词、下位词检索，都可辅助扩展检索词、扩大检索范围，从而获得更加全面的检索结果。

3）专业检索

万方数据库设置的专业检索比高级检索功能更强大，需要检索人员根据系统的检索语法编制检索式进行检索。

专业检索支持逻辑运算符、双引号以及特定符号的限定检索，可以使用图4-11所示的运算符构建检索表达式。

4）作者发文检索

在文献类型里点击"全部"，可在期刊论文、学位论文、会议论文、专利、科技报告五种文献类型中查找某一位作者的发文情况。点击"清除"后，可在这五种文献类型里根据需要进行勾选。检索时可对发表时间进行限定。

第4章 中文学术论文数据库检索与利用

图4-11 万方专业检索

5）资源导航

万方支持对学术期刊、学位论文、会议论文、科技报告、专利、标准、科技成果、法律法规等八种文献类型进行导航检索。

2. 万方检索结果处理

万方学位论文检索系统的检索结果可按相关度、出版时间、被引频次排序，每页可显示20、30、50条记录。支持对检索结果进行二次检索。

1）二次检索

如果执行一次检索后命中文献数量过多，可使用二次检索在检索结果的范围内进行重新查找。在检索结果中对题名、作者、关键词、发表年限进行限定，提高检准率。

2）浏览检索结果

检索结果显示每条记录的题名、作者姓名、来源出版物信息等。点击题名，可查看详细信息，包括论文题名、关键词、作者、作者单位、摘要、基金、在线出版日期、参考文献等。检索结果页面还提供在线阅读和下载链接。全文浏览采用PDF浏览器。

4.2.3 维普

"中文期刊服务平台"是维普资讯有限公司最新推出的期刊资源型产品，它在中文科技期刊数据库的基础上，以数据质量和资源保障为产品核心，进行数据整理、

51

信息挖掘、情报分析和数据对象化，充分发挥数据价值，完成了从"期刊文献库"到"期刊大数据"的升级。中文期刊服务平台兼具资源保障价值和知识情报价值。

目前，维普数据库收录了1989年至今的9600余种期刊，维普资讯中文期刊服务平台将所有文献分为5个学科专辑：医药卫生、工业技术、自然科学、农业科学、社会科学。使用维普检索论文是完全免费的，下载全文则需要权限。网址是：http://qikan.cqvip.com/。

1. 维普检索方式

维普资讯中文期刊服务平台提供四种检索方式：快速检索、高级检索、专业检索和期刊导航。每种检索方式又分别提供题名、刊名、关键词、作者、第一作者、作者机构、文摘、分类号、任意字段等检索入口（即检索途径）。在每种方式的检索结果里都可以进行二次检索。

1）快速检索

首页提供了类似搜索引擎的检索方式，只需要输入检索词，选择检索字段即可检索，维普资讯中文期刊服务平台快速检索提供了13个检索字段选择（图4-12）。快速检索框中输入的所有字符均被视为检索词，不支持任何逻辑运算，如果输入逻辑运算符，将被视为检索词或停用词进行处理。

2）高级检索

点击快速检索页面检索框右侧的"高级检索"，进入图4-13所示的高级检索界面，检索基本步骤如下。

图4-12　维普快速检索

第4章 中文学术论文数据库检索与利用

图4-13 维普高级检索

（1）在下方的"学科限定"处勾选查询范围。

进行操作前务必先选择所需主题目录，点击"全选"，则每个目录都被选择。若想在指定的学科内检索，则先点击"√"，清空所选，然后点击右边的">"，就会展开学科类目列表，可根据需要进行勾选，见图4-14。

图4-14 维普高级检索学科限定勾选列表

单击目录查看下一层的类目，按同样的步骤进行操作，直到找到要找的类目范围，点击左边的小方框，系统会在选取的类目范围前显示"√"。

（2）选择检索项。

在字段下拉框里选取要进行检索的字段，字段有任意字段、题名或关键词、题名、关键词、文摘、作者、第一作者、机构。

（3）输入检索词并确定检索词之间的逻辑关系。

在检索词文本框里输入检索词，有同义词扩展+功能，此功能将检索词的同义词添加到检索框，增加查全率。

53

关键词为检索字段中出现的关键词，当按相关度进行排列时，其出现的频率越高，数据的排序越靠前。

然后，确定各检索词之间的逻辑关系，各检索词输入框之间设有逻辑运算符下拉框，有"与""或""非"三个选项。

（4）时间限定。

目前，全文数据最早追溯至1989年，用户检索时可在收录起始年和当前年份之间任意限定。

（5）期刊范围。

选择期刊来源类别，其选项包括全部期刊、核心期刊、EI来源期刊、SCI来源期刊、CAS来源期刊、CSCD来源期刊、CSSCI来源期刊。

（6）限定匹配方式。

限定匹配方式包括模糊匹配和精确匹配。模糊匹配是指不管词的位置怎样，只要出现该词即可；精确匹配是指只有整个字段与检索词相同才能匹配。

（7）同义词扩展。

维普资讯中文服务平台提供了同义词扩展功能，使用这个功能可以提升查全率。输入检索词，系统会在弹出的同义词扩展窗口中给出几个同义词，用户可以根据需要进行勾选，如图4-15所示。

3）检索式检索

在高级检索界面点击检索式检索，可以在检索框中使用布尔逻辑运算符

图4-15 维普高级检索同义词扩展

对多个检索词进行组配检索。执行检索前，还可以根据时间限定、期刊范围、学科限定等检索条件对检索范围进行限定。每次调整检索策略并执行检索后，均会在检索区下方生成一个新的检索结果列表，方便对多个检索策略的结果进行比对分析。可以根据界面提供的"查看更多规则"来辅助构建检索表达式。

4）期刊导航

登录"维普资讯中文期刊服务平台"首页，点击"期刊导航"，即可进入期刊检索页面，见图4-16。

图4-16 维普期刊导航检索

方法1：期刊检索。如果知道准确的刊名或ISSN号，在输入框中输入，点击搜索，即可进入期刊名列表页，点击刊名即可进入期刊内容页。

方法2：按字母顺序查。例如，点击字母A，即可列出以字母A为首字母的所有期刊的刊名。

方法3：按学科查。可根据学科分类来查找需要的期刊，点击下方的学科分类，即可列出该学科分类下的所有期刊的刊名。

2. 维普检索结果处理

1）检索结果文摘显示

检索结果页面默认的显示方式为"文摘显示"，内容包括文章的标题、文章前两位作者、文章出处（期刊名、出版年、卷、期、页码）、文章摘要，显示方式有"详细"或"列表"两种选择，见图4-17。

图4-17　维普检索结果页面

2）排序方式

检索结果的排列方式有相关度排序、被引量排序、时效性排序，三个选项。每页显示的记录数：20条、50条、100条。

3）二次检索

在检索结果页面左边有题名、关键词、文摘、作者、刊名等检索入口，提供二次检索功能。除此之外，检索结果页面左侧的中下部，针对检索结果按年份、学科、期刊收录、主题、期刊、作者、机构分别提供相关分类统计数据。

4）单篇文章详细显示

点击文摘显示页面上的文章标题，可查看该篇文章的详细信息。该页面提供文章题录的全字段内容显示，提供全文下载的功能，提供引文网络、相关文献查看功能。

5）文章下载与保存

在检索结果页面上，点击文章对应的全文下载图标即可下载PDF格式的全文；在文章题录浏览页面上点击"下载PDF"图标，也可下载PDF格式的全文。在"文件下载"对话框中，执行"保存"操作，可以将全文保存到计算机中供以后查看。

第5章

特种文献

5.1 特种文献的定义与类型

5.1.1 特种文献的定义

特种文献是指除图书、连续性出版物以外的文献所组成的文献体系。

一般来讲，文献检索要检索各种类型的文献，包括图书、期刊、会议文献、学位论文、科技报告等。特种文献是文献检索中非常重要的一部分资源，它们在科学研究中有着重要的参考价值。特种文献一方面可以通过搜索引擎进行比较宽泛的查找，另一方面可以利用一些专门的数据库和网站进行检索和获取。

5.1.2 特种文献的类型

特种文献包括专利文献、标准文献、学位论文、会议文献、科技报告、产品资料、技术档案、政府出版物等。

5.2 专利文献的检索

5.2.1 专利及专利文献

专利：国家专利机关依照专利法授予发明人或设计人对某项发明创造享有在法定期限内的专有权。

先申请制：两个以上的申请人分别就同样的发明创造申请专利的，专利权授予最先申请的人。（专利法第九条）

专利文献是一个巨大的技术知识宝库，人类80%的技术知识来自专利。专利文献集技术情报、法律情报和经济情报于一体，是科技工作者进行科学研究、了解科技动态、开展科技创新的重要信息来源。狭义的专利文献主要包括各国专利管理机构正式出版或公布的专利说明书、权利要求书、说明书摘要；广义的专利文献还泛指各种专利申请文件、专利证书、专利公报、专利题录、专利文摘、专利索引、专利分类表等。

专利文献集技术、法律、经济信息于一体，并具有以下法律特征：专有性、时间性、地域性。

专有性：也称垄断性或独占性。除专利法另有规定的以外，任何单位或个人未经专利权人许可，都不得实施其专利。未经专利权人许可，实施其专利，即侵犯其专利权。

时间性：我国发明专利权的期限为20年，实用新型专利权期限为10年，外观设计专利权的期限为15年，均自申请日起计算。

地域性：一个国家或地区授予的专利权，只能在该国或该区域内有效，在域外不发生法律效力。

5.2.2 专利文献的特点

专利文献的主要特点包括以下内容：①内容广泛详尽。在应用技术方面，专利文献涉及领域广、报道内容详尽，是其他文献所无法比拟的。②报道及时，反馈最新技术。世界上绝大多数国家在专利制度中实行的是先申请制。专利先申请原则规定，针对相同内容的发明，专利权授予最先申请的人，这就促使各国发明人在发明构思基本完成时抢先申请专利，以获得独占权。此外，各国的专利法均把新颖性作为获得专利权的首要条件。③格式统一，著录规范。世界各国专利文献出版格式统一、内容规范，著录标准化程度是其他科技文献所无法相比的，这是因为它依据了专利法规和统一标准。④数量庞大，重复出版。据世界知识产权组织统计，全世界每年发表的专利文献有150多万件。如果按单一种类统计，专利文献是世界上数量最大的信息源之一。

5.2.3 国际专利分类法

国际专利分类法（International Patent Classification，IPC）是一种国际统一化、标准化的专利分类法。由于其具有完整性、科学性、适用性的特点，现在几乎被世界上所有建立专利制度的国家所采用。中国自1985年4月1日实行专利制度以来就采用了这种分类方法。

一个完整的IPC分类号由代表部（Section）、大类（Class）、小类（Subclass）、大组（Group）和小组（Subgroup）构成。其中，代表部由大写字母表示（共有A、B、C、D、E、F、G、H 8部）。大类由数字表示，小类由字母表示（大小写均可），大组和小组均由数字表示，两者之间用斜线"/"隔开。

国际专利分类表（2022年版）共分为8部，每部为1个分册。

A部——人类生活必需

B部——作业、运输

C部——化学

D部——纺织、造纸

E部——固定建筑物

F部——机械工程、照明、加热、武器、爆破

G部——物理

H部——电学

具体可参考：国家知识产权局国际专利分类表https://www.cnipa.gov.cn/art/2022/5/19/art_2152_175662.html

5.2.4 国内外专利文献的检索

1. 中国专利文献检索途径

中国专利文献的检索途径有很多，例如国家知识产权局网站新推出的专利检索及分析系统，中国知识产权网的中外专利数据库服务平台、中国专利信息网等。下面以国家知识产权局推出的专利检索及分析系统为例，详细介绍专利检索及分析系统的使用方法。

国家知识产权局网站是中华人民共和国国家知识产权局支持建立的政府性官方网站。该网站提供与专利相关的多种信息服务，如专利申请、专利审查的相关信息，近期专利公报、年报的查询，专利证书发文信息、法律状态、收费信息的查询等。国家知识产权局网站主页上设有专利检索入口，检索数据库收录了自1985年我国颁布专利法以来公布的所有专利文献，并从2001年11月1日开始对社会公众提供免费的检索服务。在国家知识产权局网站主页右侧中部，点击"专利检索"进入"专利检索及分析系统"，即可进入专利检索页面，如图5-1所示。

2. 美国专利商标局

美国专利商标局（United States Patent and Trademark Office，PTO或USPTO），隶属于美国商务部，主要负责为发明家和他们的相关发明提供专利保护、商品商标注册和知识产权证明（http://www.uspto.gov）。

美国专利商标局官网及专利导航页面如图5-2和图5-3所示。

3. 欧洲专利局网站专利检索

欧洲专利局（European Patent Office, EPO）是根据《欧洲专利公约》，于1977年10月7日正式成立的一个政府间组织，负责审查授予可以在42个国家生效的

欧洲专利（European Patent），总部位于德国慕尼黑，在海牙、柏林、维也纳和布鲁塞尔设有分部（图5-4）。

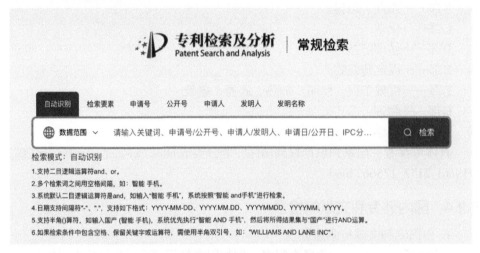

图5-1　专利检索及分析常规检索界面

图5-2　美国专利商标局官网

第 5 章 特种文献

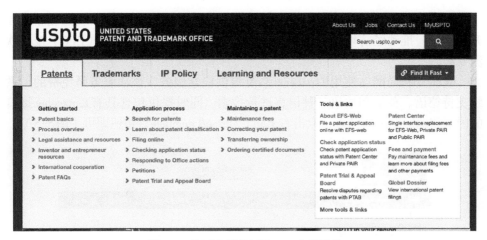

图5-3 美国专利商标局——专利导航

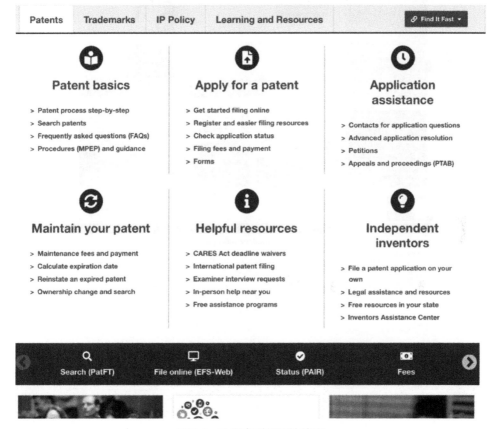

图5-4 欧洲专利局网站首页

61

欧洲专利局的使命是授予高质量的专利，提供高效率的服务，促进创新，提升竞争力，推动经济增长。其主要任务是根据《欧洲专利公约》（EPC）授权欧洲专利。

欧洲专利局网站使用Espacenet系统提供检索服务，该项服务是免费的，系统支持德语、英语和法语三种语言进行检索。同时提供包含具有Espacenet接口的国家和地区专利局列表，点击右上角"Office/Language"按钮即可（图5-5）。

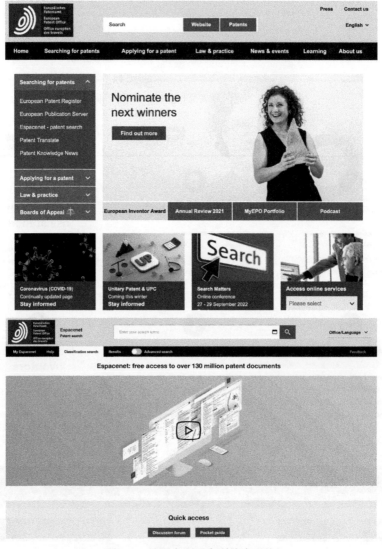

图5-5 欧洲专利局专利检索系统

5.3 标准文献的检索

5.3.1 标准文献的含义

随着工业化时代的来临,生产的专业化程度日益增高,同一台设备上的零部件被分散在不同的企业制造,而要使众多来源不同的零部件能够组装成机器设备,并能正常工作,就必须在零部件的生产过程中遵循统一的规则,这种统一的规则实际上就是标准。标准化活动在广阔的范围内影响和推动着生产发展、社会和科技进步,标准化的成果即各种标准。在中国加入WTO的背景下,标准版这一技术壁垒确保了公平竞争的原则,消除了人为的政策壁垒。

《标准化工作指南第1部分:标准化和相关活动的通用术语》(GB/T 20000.1—2014)中对标准的定义如下:通过标准化活动,按照规定的程序经协商一致制定,为各种活动或其结果提供规则、指南或特性,供共同使用和重复使用的文件。狭义的标准文献指按规定程序制定,经权威机构(主管机关)批准的一整套在特定范围(领域)内必须执行的规格、规则、技术要求等规范性文献。广义的标准文献指与标准化活动相关的一切文献,包括标准形成过程中的各种档案,宣传推广标准的手册及其他出版物,报道标准文献信息的目录、索引等。

5.3.2 标准的类型

标准文献分类方法通常有以下几种。

1. 按使用范围划分

国际标准:国际通用的标准,如ISO、IEC等。

区域标准:经世界某一地区的若干国家标准化机构协商一致所颁布的标准,如全欧标准(EN)。

国家标准:一个国家的全国性标准化机构颁布的标准,如中国国家标准(GB)。

专业标准:某一专业团体针对其所采用的零部件或原材料、完整的产品等所制定的标准,如美国石油协会标准(API)。

企业标准:由企业自己规定的统一标准,如美国波音公司标准(BAC)。

2. 按内容划分

基础标准:标准的标准,一般包括术语、符号、代号、机械制图、公差与配合等。

产品标准:规定产品的品种、系列、分类、参数、形式尺寸、技术要求、试验方法等。

方法标准：包括工艺要求、过程、要素、工艺说明等，还包括使用规程。

辅助产品标准：包括工具、模具、量具、夹具、专用设备及其部件的标准等。

原材料标准：包括材料分类、品种、规则、牌号、化学成分、物理性能、试验方法、保管验收规则等。

此外还有安全标准、卫生标准、环保标准、管理标准和服务标准等。

3. 按标准成熟程度划分

法定标准：具有法律性质的、必须遵守的标准。

推荐标准：制定和颁布标准的机构建议优先遵循的标准。

试行标准：内容不够成熟，有待在使用实践中进一步修订、完善的标准。

标准草案：批准发布以前的标准征求意见稿、送审稿和报批稿。

5.3.3 国内标准文献的检索

标准文献的检索通常有两种方式：一种是通过印刷版的标准文献检索工具来查找标准目录和摘要，再利用图书馆收藏的标准获取全文；另一种是从众多的网站检索到所需要的相关标准（标准数据库），有些网站还能免费获取全文。有很多网站提供了标准查找和标准全文付费下载的服务，如标准信息服务网（https://www.sacinfo.cn）、中国标准服务网（https://www.cssn.net.cn/cssn/index）等。

目前大多数标准文献均可以通过网络查找到，而且通过网络获取标准文献已被大部分用户所认可，但是网络获取标准文献全文大部分需要付费，且提供标准文献网站的检索方式都比较简单。

1. 中文标准文献网站

1）中国国家标准化管理委员会网

中国国家标准化管理委员会是国务院授权履行行政管理职能、统一管理全国标准化工作的主管机构。国家标准化管理委员会网（http://www.sac.gov.cn）提供中英文两个版本的国家标准检索（图5-6）。

点击国家标准化管理委员会网主页上方"办事服务"项下的"标准服务平台"即可进入全国标准信息公共服务平台。该平台可提供国家标准、行业标准、地方标准、团体标准、企业标准、国际标准、国外标准等方面的检索服务，可选择机构、专家、指标、国际国外等分类方式进行检索（图5-7）。

2）标准信息服务网

标准信息服务网是由国家市场监督管理总局国家标准技术审评中心主办的标准信息服务网站，可进行标准的检索和购买（图5-8）。

第5章 特种文献

图5-6 国家标准化管理委员会网主页

图5-7 全国标准信息公共服务平台

图 5-8　标准信息服务网主页

3）万方数据知识服务平台标准数据库

万方数据知识服务平台标准数据库收录了国内的大量标准，包括国家发布的全部标准、某些行业的行业标准及电气和电子工程师技术标准；收录了国际标准数据库中各国的国家标准，以及国际电工标准；还收录了某些国家的行业标准。其中，中国标准数据库由国家市场监督管理总局等单位提供，收录自1964年至今全部国家标准和行业标准，每月更新；涉及工程技术等各行业，并建成中国国家标准、中国行业标准、中国建设标准等数据库；免费提供标准文摘，标准全文需经授权方可获取（图5-9）。

2. 国际标准文献网站

国际标准化组织（International Organization for Standardization，ISO）、国际电工委员会（International Electrotechnical Commission，IEC）和国际电信联盟（International Telecommunication Union，ITU）并称国际标准化机构，在国际标准化活动中占主导地位。

1）国际标准化组织

国际标准化组织（https://www.iso.org/standards.html）于1947年成立，是目前世界上最大的非政府性标准化专门机构，是国际标准化领域中一个十分重要的组织。ISO的任务是促进全球范围内的标准化及有关活动，有利于各国之间产品与服务的交流，以及在知识、科学、技术和经济活动中发展国家间的相互合作（图5-10）。

2）国际电工委员会

国际电工委员会（https://www.iec.ch）是世界上成立最早的国际性电工标准

图5-9 万方标准管理服务系统页面

化机构,负责有关电气工程和电子工程领域中的国际标准化工作(图5-11和图5-12)。IEC的宗旨是,在电气和电子工程领域中的标准化及有关事务方面(如认证)促进国际合作,增进各国之间的相互了解,并且通过出版国际标准出版物等来实现这一宗旨。

目前IEC成员国包括了绝大多数的工业发达国家及一部分发展中国家。这些国家拥有世界人口的80%,其生产和消耗的电能占全世界的95%,制造和使用的电气、电子产品占全世界产量的90%。

3)国际电信联盟

国际电信联盟(https://www.itu.int/zh/Pages/default.aspx)是联合国的一个专门机构,也是联合国机构中历史最长的一个国际组织。ITU负责制定国际电信行业的相关国际标准及行业规范。ITU的主要学术研究领域包括ITU-T电信研究领域、ITU-R半导体通信研究领域、ITU-D电信发展研究领域。ITU网站提供有关ITU的新闻、国际电信行业总数、年报、市场分析预测、技术述评、会议预报、ITU出版物目录及订购信息、发展战略和ITU出版物检索等。

ITU主页提供的检索方式为依托Google自定义搜索的针对所有网页的检索(图5-13)。

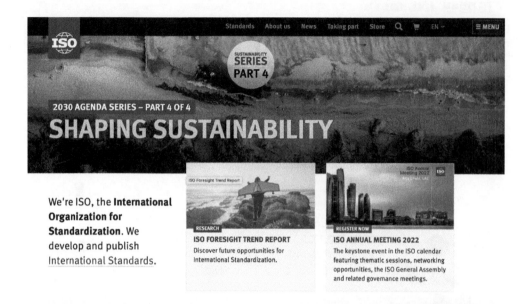

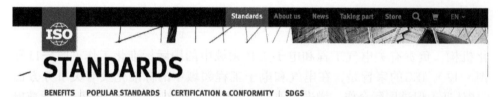

图5-10 国际标准化组织网站——标准检索页面

第5章 特种文献

图5-11　国际电工委员会网站首页

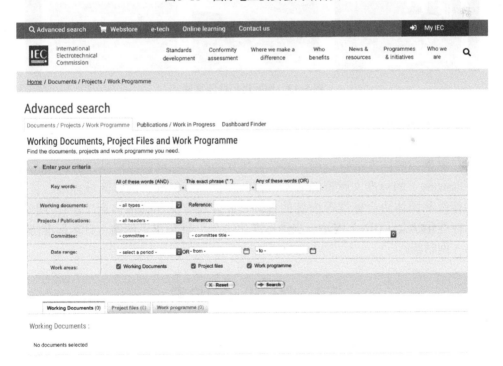

图5-12　国际电工委员会高级检索页面

图 5-13 国际电信联盟官网

4)其他检索途径

除了以上提到的国际标准机构,还有美国国家标准学会(ANSI)网站,该网站只提供一般标准信息查询。该学会建立的全球标准资源网站NSSN(https://www.nssn.org)的标准文献资源非常丰富,提供国际标准、国际区域标准、世界各国标准和团体协会标准等内容的查询。此外还有英国标准协会(BSI)网站、德国标准化学会(DIN)网站、法国标准化协会(AFNOR)网站、日本标准协会(JSA)网站等。

5.4 学位论文的检索

5.4.1 学位论文的特点

学位论文是指为获得某种学位而必须撰写的论文,有严格的格式要求。学位论文是学术论文的一种形式。学位论文根据所申请的学位不同，又可分为学士论文、硕士论文、博士论文三种，通常情况下，学位论文只限于后两者。

硕士论文和博士论文是具有很高利用价值的科技文献，与其他类型文献相比，这两类学位论文具有选题新颖，理论性、系统性较强，阐述详细的特点，其参考文献多且全面，有助于对相关文献进行追踪检索，是了解国内外科技研究现状和发展趋势的重要信息资源。

5.4.2 国内外学位论文的检索

1. 中国知网学位论文库

中国知网（CNKI）学位论文库包括《中国博士学位论文全文数据库》和《中国优秀硕士学位论文全文数据库》，是目前国内资源完备、质量上乘、连续动态更新的中国博硕士学位论文全文数据库。本库收录510余家博士培养单位的博士学位论文50余万篇，790余家硕士培养单位的硕士学位论文510余万篇，最早回溯至1984年，覆盖基础科学、工程技术、农业、医学、哲学、人文、社会科学等各个领域。

在中国知网首页（图5-14）搜索框下方点击"学位论文"即可进入学位论文库（图5-15）。

图5-14　中国知网首页

图5-15 中国知网学位论文库

2. 万方中国学位论文数据库

中国学位论文全文数据库（China Dissertations Database）收录始于1980年，年增35万余篇，目前收录有575万余篇论文，涵盖基础科学、理学、工业技术、人文科学、社会科学、医药卫生、农业科学、交通运输、航空航天和环境科学等各学科领域（图5-16）。

万方学位论文库提供一站式检索和高级检索功能，同时还提供有学科、专业、授予单位3种导航（图5-17）。

3. 国家科技图书文献中心

国家科技图书文献中心（National Science and Technology Library，NSTL，以下简称中心）是科技部联合财政部等六部门，经国务院批准，于2000年6月12日成立的一个基于网络环境的科技文献信息资源服务机构，由中国科学院文献情报中心、中国科学技术信息研究所、机械工业信息研究院、冶金工业信息标准研究院、中国化工信息中心、中国农业科学院农业信息研究所、中国医学科学院医学信息研究所、中国标准化研究院标准馆和中国计量科学研究院文献馆九个文献信息机构组成。该数据库主要收录了1984年至今我国高等院校、研究生院及研究院所发布的硕士、博士和博士后的论文。学科范围涉及自然科学各专业领域，并兼顾社会科学和人文科学，每年增加论文6万余篇，每季更新，提供论文的文摘等基本信息（图5-18）。

第5章 特种文献

图5-16 万方数据知识服务平台首页

图5-17 万方数据知识服务平台——学位论文库

图 5-18　国家科技图书文献中心首页

4. 台湾博硕士论文知识加值系统

台湾博硕士论文知识加值系统（https://ndltd.ncl.edu.tw/cgi-bin/gs32/gsweb.cgi/login?o=dwebmge）协助台湾地区的大学，完善保存和永久免费使用博硕士学位论文电子全文。该系统为台湾地区教育部门委托图书馆执行的项目计划，回溯地区博硕士论文相关资料整理工作，1998年12月启用，使台湾的博硕士论文网络信息服务正式迈向新的里程碑。后新增电子全文上传与电子全文授权书在线印制的功能，进一步整合了"台湾博硕士论文信息网"在线数据库共建共享服务（图5-19）。

图 5-19　台湾博硕士论文知识加值系统首页

5. 香港大学学术库

The Hong Kong University Theses Online（HKUTO）收录了1941年以来香港大学授予的硕士和博士论文，包含艺术、人文、教育以及社会科学、医学和自然科学各学科。其中的大部分论文都是与香港有关的研究。该数据库的论文主要为英文论文，部分为中英双语，部分为只用中文写成。HKUTO几乎囊括了香港大学的所有论文，用户可以按照论文题目、作者检索，也可按照学位、学科检索（图5-20）。

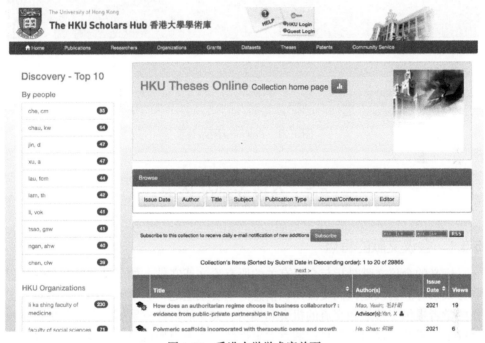

图5-20　香港大学学术库首页

6. ProQuest学位论文全文库

ProQuest是世界著名的学位论文数据库，收录有欧美2000余所大学270多万篇学位论文的文摘信息，涵盖文、理、工、农、医等各个学科领域，是迄今为止世界上最大的国际性博硕士论文数据库。ProQuest学位论文全文数据库收录的是PQDT数据库中部分记录的全文。该库已收录国外博硕士学位论文逾36万篇，年增2万多篇（图5-21）。

信息素养通识教育

图 5-21　ProQuest 网站首页

5.5　会议文献的检索

5.5.1　会议文献的特点

广义的会议文献是指与会议有关的所有论文或文件，如会议预告、会议议程和会议录等。会议是人们交流知识信息的重要渠道之一。学术会议为从事研究工作的学者提供了接触和交流的机会和场所，30%的科技成果的首次公布是在科技会议上，科技会议对本学科领域重大事件的首次报道率也最高。因此，会议文献是一种比期刊文献传递新信息的速度更快的文献类型。

随着现代信息技术及网络技术的发展，文献资料的数字化存取已经成为现实。各种数据库的建设，使得原来搜集和获取都非常困难的一些文献越来越容易得到了，例如学位论文、专利文献、期刊论文等。但是，同样是重要信息来源的会议文献，目前仍然是较难获取的文献类型之一。

会议文献的出版形式有很多，常见的有图书、期刊、科技报告、在线会议等，既有正式出版物，也有各种非正式出版物，可以说涵盖了白色文献、灰色文献和黑色文献这些不同的文献类型。会议文献的表达形式也比较多样化，给揭示、检索都带来了一定的困难。因此在各类文献中，会议文献是比较难以搜集和检索的文献，其特点可以用"好用不好找"这样一句话来概括。会议文献发行分散，形式多样，目前还没有一种数据库或检索工具能检索到比较全面的会议文献，而会议文献的全文更是分散在不同的数据库中。

5.5.2 国内外会议文献的检索

1. CPCI

CPCI（Conference Proceedings Citation Index）是科技会议检索数据库，全称"科学技术会议录索引"，它主要检索的是科技方向的学术会议。CPCI与SCI、EI共同构成世界范围内最重要的三大论文检索系统。

CPCI原名为ISTP，现在仍有很多科研单位使用ISTP这个旧名。原科学技术会议录索引ISTP，提供1990年以来以专著、丛书、预印本、期刊、报告等形式出版的国际会议论文文摘及参考文献索引信息，涉及自然科学和工程技术的所有领域。

由于CPCI的网络版已与SCI合并，所以可以通过ISI的Web of Science Proceedings来检索，检索方法与SCI网络版基本相同（图5-22）。

图5-22　Web of Science中的CPCI-S

2. 国家科技图书文献中心（NSTL）会议文献检索系统

国家科技图书文献中心网址https://www.nstl.gov.cn，可以查找会议论文和会议录（图5-23）。

3. 万方中国学术会议文献数据库

万方中国学术会议文献数据库（China Conference Proceedings Database），会议资源包括中文会议和外文会议，中文会议收录始于1982年，年收集约2000个重要学术会议，年增20万篇论文，每月更新。外文会议主要来源于NSTL外文文献数据库，收录了1985年以来世界各主要学会、协会、出版机构出版的学术会议论文共计1100万篇全文（部分文献有少量回溯），每年增加论文约20余万篇，每月更新（图5-24）。

信息素养通识教育

图5-23 国家科技图书文献中心——会议检索

图5-24 万方中国学术会议文献数据库

第5章 特种文献

4. 中国知网会议论文库

中国知网会议论文库重点收录1999年以来中国科学技术协会系统及国家二级以上的学会、协会，高校、科研院所，政府机关举办的重要会议以及在国内召开的国际会议上发表的文献，部分重点会议文献回溯至1953年，目前，已收录国内会议、国际会议论文集4万本，累计文献总量380余万篇（图5-25）。

图5-25 中国知网会议论文库检索界面

5. 其他会议文献检索渠道

ACM Proceedings：收录了美国计算机协会（Association for Computing Machinery，ACM）的会议录全文。

ASCE Proceedings：提供美国土木工程师学会（The American Society of Civil Engineers，ASCE）会议录全文。

AIP Conference Proceedings（美国物理联合会会议录网络版）：收录了美国物理联合会（AIP）自2000年以来出版的约500多种会议录（全文）。

IEEE/IET Electronic Library（IEL）全文数据库：提供美国电气电子工程师学会（Institute of Electrical and Electronics Engineers，IEEE）和英国工程技术学会（The Institution of Engineering and Technology，IET）出版的会议录全文。

INSPEC（英国科学文摘）：位于Web of Science平台，是由英国工程技术学会（IET）出版的文摘数据库，涵盖物理学、电气工程、电子学、计算机科学及信息技术等领域的3000多种会议论文集。

SPIE Proceedings：收录了国际光学工程学会（The International Society for Optical Engineering，SPIE）的所有的会议录全文。

6. 会议信息发布系统

中国学术会议在线：为用户提供学术会议信息预报、会议分类搜索、会议在线报名、会议论文征集、会议资料发布、会议视频点播、会议同步直播等服务。

allconferences.com：提供各种会议信息的目录型网站，用户也可以通过搜索目录来获得特定的会议信息。同时该网站提供在线注册、支付程序等服务。网站提供的会议范围包括人文与社会科学、商业、计算机和互联网、教育等各学科领域。

5.6 其他特种文献检索

5.6.1 科技报告

科技报告是关于科研项目或科研活动的正式报告或情况记录，是研究、设计单位或个人以书面形式向提供经费和资助的部门或组织汇报其研究设计或项目进展情况的报告。科技报告是在科研活动的各个阶段，由科技人员按照有关规定和格式撰写的，以积累、传播和交流为目的，能完整而真实地反映所从事科研活动的技术内容和经验的特种文献。与图书和期刊相比较，它的篇幅可长可短，并且内容新颖、专业性强、技术数据具体，因而是科研人员、工程技术人员优先选择的参考资料。它对于交流科研思路、推动发明创造、评估技术差距、改进技术方案、增加决策依据、避免科研工作中的重复与浪费以及促进科研成果转化为生产力起到了积极的作用。因此，作为科研人员，经常查阅科技报告可以少走弯路，避免重复研究，提高科研水平的起点，收到事半功倍的效果。

科技报告是报道研究工作和调查工作的成果或进展情况的一种文献。科技报告传播研究成果的速度较快，注重详细记录科研进展的全过程。大多数科技报告都与政府的研究活动、国防及尖端科学技术领域有关，其撰写者或提出者主要是政府部门、军队系统的科研机构和一部分由军队、政府部门与之签订合同或给予津贴的大学、私人公司等。科技报告所报道的内容一般必须经过有关主管部门的审查与鉴定，因此具有较好的成熟性、可靠性和新颖性，是一种非常重要的学术信息资源。

1. 国家科技报告服务系统

国家科技报告服务系统（NSTRS，https://www.nstrs.cn/index）主要提供科学技术部、国家自然科学基金委员会、地方科技报告三大类科技报告，内容涉及新一代信息技术、能源技术、现代农业技术、高端装备与先进制造技术等12个技术领域，总共有375155个报告（图5-26）。

图5-26　国家科技报告服务系统首页

该系统向社会公众无偿提供科技报告摘要浏览服务。社会公众不需要注册，即可通过检索科技报告摘要和基本信息，了解国家科技投入所产出科技报告的基本情况。

2. 国家科技图书文献中心

在国家科技图书文献中心（NSTL，http://www.nstl.gov.cn）主页快速检索框下方点击"科技报告（国外科技报告）"选项，即可进入科技报告的检索页面。其国外科技报告数据库主要收录1978年以来的美国政府四大科技报告，以及少量其他国家学术机构的研究报告、进展报告和年度报告等。学科范围涉及工程技术和自然科学各专业领域，每年增加报告2万余篇，每月更新。

3. 中国科学院文献情报中心

借助中国科学院文献情报中心主页（http://www.las.ac.cn/）"资源集成发现"平台通过"学术搜索"可以查询科技报告，直接选择题名、作者、文摘等途径查询，进入检索结果页面后，在左侧资源类型导航栏中选择"科技报告"获得相应的文献检索结果。也可以在"学术搜索"检索框右侧点击进入"高级检索"选择"科技报告"进行查询（图5-27）。检索结果的数据来源为国防科技信息系统和中国科学院机构知识库。

图5-27 中国科学院文献情报中心中国科学院知识服务平台

4. 美国国家航空航天局科技报告服务系统

美国国家航空航天局（National Aeronautics and Space Administration, http://ntrs.nasa.gov/）科技报告服务系统，提供有关航空航天方面的科技报告，可以检索并浏览，部分有全文（图5-28）。

5. 美国能源部信息检索系统

美国能源部（Department of Energy, http://www.osti.gov/scitech/）信息检索系统可以检索并获得美国能源部提供的研究与发展报告全文，内容涉及物理、化学、材料、生物、环境、能源等领域（图5-29）。

第 5 章　特种文献

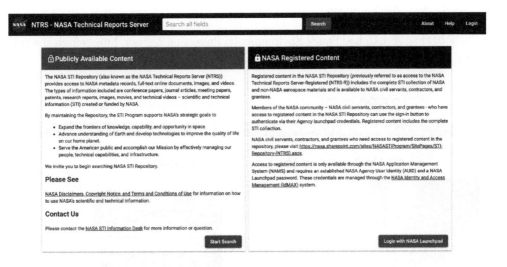

图 5-28　美国国家航空航天局科技报告服务系统

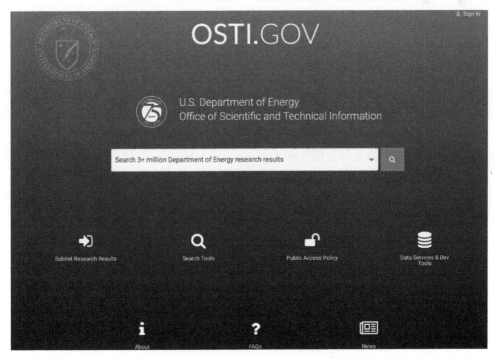

图 5-29　美国能源部信息检索系统

6. 美国环保署报告系统

美国环保署（United States Environmental Protection Agency，http://cfpub.epa.gov/roe/）报告系统，提供了许多环境方面的报告全文（图5-30）。

图5-30　美国环保署报告系统

7. 美国国家经济研究局网站

美国国家经济研究局（National Bureau of Economic Research，http://www.nber.org/）的研究报告，可在网站上下载全文（图5-31）。

8. 世界银行组织的文件与报告库

世界银行组织的文件与报告库（Documents & Reports），可以浏览多个国家和众多研究主题的科技报告，并免费下载全文（图5-32）。

5.6.2　政府出版物及检索

政府出版物是指各国政府部门及其设立的专门机构发表、出版的文件，可分为行政性文件（如法令、方针政策、统计资料等）和科技文献（包括政府所属各部门的科技研究报告、科技成果公布、科普资料及技术政策文件等），其中科技文献占30%~40%。

政府出版物的特点是：内容可靠，与其他信息源有一定重复。借助政府出版物，可以了解某一国家的科技政策、经济政策等，而且对于了解其科技活动、科技成果等有一定的参考作用。

第5章 特种文献

图5-31 美国国家经济研究局网站截图

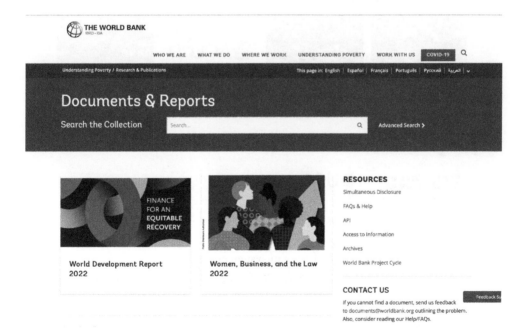

图5-32 世界银行组织的文件与报告库网页截图

1. 国际组织与外国政府出版物系统（http://www.nlc.cn/gjzzywgzfcbw/lhg_zyk/lhg_gjgzyml/）

国际组织与外国政府出版物系统是国家图书馆为对联合国等重要国际组织和外国政府实体与网络资源进行全面系统整合而构建的，集资源导航与检索、用户交互于一体的网络服务平台。平台目前所涵盖的机构包括联合国及其专门机构、欧盟、经济合作与发展组织、亚洲开发银行、美国兰德公司、美国国会情报服务公司、美国政府、加拿大政府，可以为用户提供全面、清晰、有效的导航（图5-33）。

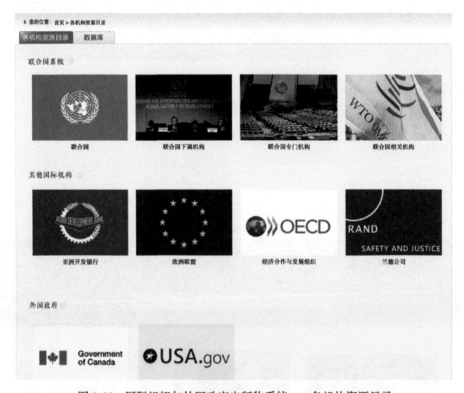

图5-33　国际组织与外国政府出版物系统——各机构资源目录

2. 联合国及专门机构站点（www.unsystem.org）

联合国及专门机构站点目录网站即联合国系统行政首长协调理事会，该网站提供联合国组织机构相关发布报告的各种主题报告（图5-34）。

3. 中华人民共和国中央人民政府门户网（www.gov.cn）

中华人民共和国中央人民政府网站为获取国内政府出版物的权威网站，

网站内建设有"国务院政策文件库",可以检索获取各类国务院文件、国务院部门文件及相关解读,截至2023年7月4日,共有25086件文件提供阅览(图5-35)。

4. 美国政府出版物检索(www.access.gpo.gov/index.html)

美国政府出版局(United States Government Publishing Office,GPO),负责编辑、印刷、出版、发行美国政府部门需要出版的资料,包括国会报告、国会意见、听证会记录、国会辩论记录、国会档案、法院资料以及国防部、内政部、劳动部、总统办公室等各个部门出版发行的文件(图5-36)。

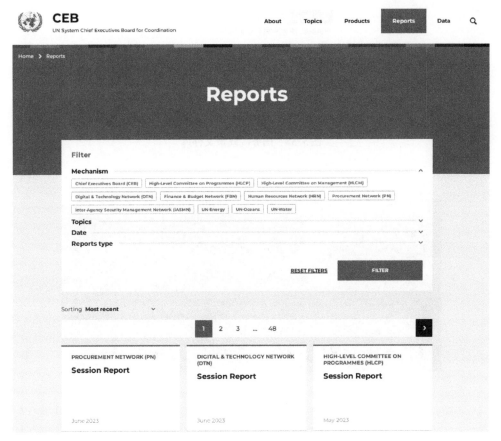

图5-34　联合国系统行政首长协调理事会报告页面

图5-35 国务院政策文件库

图5-36 美国政府出版局网站

第6章

专题数据检索

6.1 认识数据及数据检索

6.1.1 数据、数据资源、数据集

1. 数据

数据，我们都很熟悉，生活、工作、学习都离不开数据。电商网站各种商品的价格、城市重点路段上下班高峰时期的车流量、GDP及其增长率、影视明星在社交网络中影响力的对比数、某一个城市每一个公共厕所的位置坐标等，这些都是数据。

数据与信息关系密切，数据是信息的一种表现形式，信息是数据的内涵。广义地理解，符号、文字、数字、语音、图像、视频等形式的内容都可以称为数据；狭义的数据，一般指的是以数值为核心的数据。

2. 数据资源

数据资源指的是能够被人们利用的数据。世界上的数据很多，来源不同，形式多样，用途各异，一般来说，只有能够用于解决问题的数据才称为数据资源。数据资源的价值与使用主体、使用场景密切相关，有些数据资源，对某些人来说可能没有价值，对另外的人来说可能具有很高的价值，这涉及数据的优化配置问题。有些数据资源，现在价值很高，可能过段时间就没价值了，这涉及数据的时效性问题。

3. 数据集

数据集是数据资源的一种重要形式，是近年来逐渐流行的一种数据资源类型。简单地说，数据集就是大量结构化数据的集合。从资源利用的角度看，数据集可以认为是通过互联网获取、具有特定格式、能够进行数据处理的数据资源。有些数据集是能够下载的数据文件，格式一般为xls、csv、zip，有些数据集提供数据接口，用户可以依据需要按照一定的规范进行远程调用。

互联网上不少平台以数据集的方式向用户开放数据，也有如Google数据集搜索等专门的数据集搜索引擎。

6.1.2 数据的应用

数据的用途很广，主要体现在以下几个方面：

（1）数据是美好生活的助手。我们的日常生活离不开数据，房价、菜价、油价、气温等数据与我们的生活密切相关。网上购物要学会同款比较以发现最低价，出门旅行要了解天气和交通数据，外出吃饭要先查询好评数，等等。

（2）数据是各类决策的依据。决策离不开数据的支撑：高考填志愿，不仅要考虑自己的成绩和排名、当年的提档线、前几年的提档线，还要考虑目标学校的排名、历年招生分数线等多种数据。企业的财务决策，需要考虑的数据更多，宏观经济数据、企业自身的财务指标，预测的销售量、生产量、采购量等，这些数据都会影响企业的财务决策。国家的经济政策更离不开数据的支撑，GDP总量、税收增长率、利率、汇率、物价指数、失业率、进出口额等，都是宏观决策所依据的数据。

（3）数据是科学研究的基础。科学研究离不开数据，无论是描述现状，还是提出问题，都需要数据作为依据来支持研究提出的论点。

6.1.3 获取数据的渠道

互联网普及之前，印刷版的年鉴是传统的数值型信息的主要获取渠道。年鉴是全面、系统、准确地汇集某一年度或多个年度事物发展状况的资料性工具书，其中统计年鉴主要收录具体领域宏观层面的统计数据。随着互联网的普及，为方便用户的获取与利用，有些统计年鉴开始有电子版。例如《中国统计年鉴》不仅有印刷版，也有电子版。但是统计年鉴提供的数据的规模、粒度、更新受到出版节奏的限制，非结构化的数据也不利于用户的检索和处理，在一定程度上影响了统计数据的推广利用和价值实现。

目前，专业的数据获取渠道包括专业数据库、统计数据开放平台、数据开放平台、网络指数平台等。也有不以提供数据为目的但确实能获取数据的平台，如淘宝、京东、贝壳网等并不是专业的数据检索系统，但这些网站确实能够查询具体商品的价格数据。

6.2 统计数据检索

6.2.1 各级统计局和政府各部委网站上的统计数据

1. 国家统计局

国家统计局是我国统计数据编纂和发布的主要机构，网站有一个"国家数据查询平台"，免费提供各项统计数据的查询、下载、分析服务，可一站式检索或导航查找数据。平台数据包含年度数据、季度数据、月度数据、普查数据、地区数据、部门数据、国际数据等，还可以在线查阅电子版的《中国统计年鉴》《中华人民共和国国民经济和社会发展统计公报》《国际统计年鉴》《金砖国家联合统计手册》等。

2. 各省市统计局网站

国家统计局负责全国性统计工作，各地统计数据的编纂和发布由各省市统计局负责。各省市统计局网站是获取各地统计数据的重要渠道。

3. 政府各部委网站

政府各部委网站也是获取统计数据的重要渠道，这些机构一般会发布本领域统计数据，在其网站会有专门的统计数据发布栏目。例如，在教育部的网站有专门的教育统计数据、教育发展统计公报；工业和信息化部网站有专门栏目提供各种与工业和信息化相关的统计数据；住房和城乡建设部网站也有专门的统计数据发布栏目，提供《城乡建设统计年鉴》和各种统计公报的下载服务。

6.2.2 国内外数据开放平台

社会信息化的迅猛发展促进了数据的生产、存储、传输和利用。一方面，整个社会在运行的过程中不断创造并积累了大量的数据；另一方面，大数据时代数据已经成为日常生活中不可或缺的一部分，包括个人在内的社会各主体在参与社会实践的过程中有各种各样的数据需要。在这种背景下，数据开放已经成为社会发展的客观要求。互联网的普及为数据在更大范围内的传播和利用提供了条件，数据开放在操作层面具有可能性。

数据开放的对象是开放数据。开放数据是一类可以被任何人免费使用、再利用、再分发的数据，强调数据的原始完整、及时发布、平等获取、机器可读。所以，开放数据是我们可以利用的优质信息资源，数据开放平台是我们获取数据资源的重要渠道。

目前，各国政府、国际组织、科研机构、行业协会、企业等社会主体积极参与并推动数据开放运动，通过数据开放平台向公众开放数据。

1. 其他国家政府数据开放平台

DATA.GOV是美国政府创办的数据开放平台，旨在开放美国政府数据。通过这个平台，数据需求主体可以免费查询、下载数据，还可以利用网站提供的API实现第三方应用的调用。另外，这个平台还链接了美国政府其他部门的开放数据平台，如美国健康数据平台（https://healthdata.gov）等。

英国（https://data.gov.uk）、加拿大（https://open.canda.ca）、澳大利亚（https://data.gov.au）等国家也有各自的数据开放平台。

2. 我国政府数据开放平台

目前，我国大多数省（自治区、直辖市）、市地方政府通过政府数据开放平台向公众开放数据。数据开放的范围包括财税金融、工农业生产、交通运输、科技创新、医疗卫生、生活服务、生态环境等诸多方面，涉及绝大多数政府部门。在搜索引擎中输入"数据开放"这个关键词，加上具体省或者城市名，很容易就能找到。

案例：查找深圳市宝安区每一个图书馆的数据。

做一个"公共服务"方面的课题，需要深圳市的图书馆数据，数据要具体到每一个图书馆的位置、地点、每天的开放时间。

第一步，找网站。用搜索引擎搜索"深圳 数据开放"，很容易找到深圳市政府数据开放平台。

第二步，注册登录。

第三步，搜索，在首页的搜索框中输入图书馆，其中有一个名为"宝安区-图书馆信息"的数据集。

第四步，下载和查看数据。

3. 国际组织的数据开放平台

联合国、世界银行、国际货币基金组织、经济合作与发展组织等国际组织也提供开放数据，有专门的数据开放平台，向全球用户提供免费的数据服务。

1）联合国

UNdata（https://data.un.org）是联合国重要的数据开放平台，提供联合国系统内的开放数据资源。

2）世界银行

世界银行是世界银行集团的简称，国际复兴开发银行的通称，也是联合国的一个专门机构，旨在向成员国提供贷款和投资，推进国际贸易均衡发展。

此外类似的数据开放平台还有国际货币基金组织（IMF）、经济合作与发展组织（OECD）等。

6.3 法律信息检索

无论是工作、学习还是生活，都离不开法律信息。与法律相关的信息有很多，能够通过互联网获取的也不少。从利用角度来看，国家的各种法律法规、各级法院的裁判文书、司法执行信息、司法案例、庭审直播视频都是重要的信息资源。国家司法部、最高人民法院等部门有法律相关的信息检索系统，可以免费检索。也有一些与法律相关的商业数据库，如有权限，也可以利用。

6.3.1 法律法规检索

法律法规是社会运行的安全保障，绝大多数国家或地区都有系统的法律法规体系，这些成文的法律法规是一种重要的信息资源。由于各种法律法规会不断更改或者修订，所以在利用这些信息资源的时候，要注意时效性。

查询我国的法律法规，可以选择司法部旗下的法律法规数据库、中国法院网旗下的法律文库等平台。这些资源系统，不但信息权威性强，而且完全免费。另外一些法律相关的商业数据库也提供法律法规的免费查询，如北大法宝、法律之星等。

1. 国家法律法规数据库

国家法律法规数据库（https://flk.npc.gov.cn）如图6-1所示。

图6-1 国家法律法规数据库首页截图

2. 法律文库

法律文库（http://lawdb.cncourt.org）如图6-2所示。

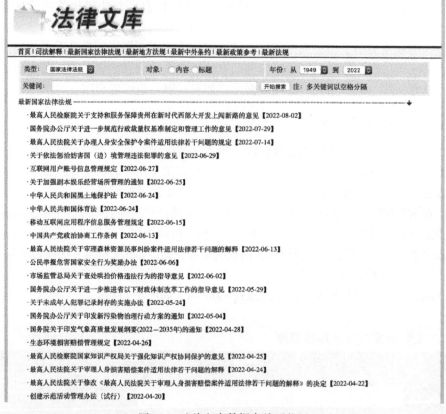

图6-2　法律文库数据库首页截图

3. 北大法宝

北大法宝（https://www.pkulaw.com）如图6-3所示。

4. 法律之星

法律之星（http://law1.law-star.com）如图6-4所示。

查询国外的法律法规思路类似。先到具体国家相关部门的网站查找针对性的查询平台。例如查美国的法律法规，可以试试美国法典网、美国法律资源在线、美国国会法律图书馆等。此外还有国外法律法规相关的商业数据库如Westlaw Next等，需要相应权限。

第6章 专题数据检索

图6-3 北大法宝数据库首页截图

图6-4 法律之星数据库检索页面

6.3.2 裁判文书检索

裁判文书是记载人民法院审理过程和结果的文件，是诉讼活动结果的载体，也是人民法院确定和分配当事人实体权利义务的唯一凭证。裁判文书有多种类型，具体包括各级人民法院出具的判决书、裁定书、调解书、决定书、通知书、令、函、答复等。

中国裁判文书网（https://wenshu.court.gov.cn）是最高人民法院旗下的信息公开平台。根据《最高人民法院关于人民法院在互联网公布裁判文书的规定》，除涉及国家秘密、未成年人犯罪等少数情形外，我国各级人民法院的大部分裁判文书都要通过中国裁判文书网公布。所以中国裁判文书网是检索我国裁判文书的重要平台（图6-5）。

图 6-5　中国裁判文书网首页

案例：巧用中国裁判文书网，寻找靠谱的律师。

某人因官司需要找律师，咨询了几家律所，有几个律师都说自己比较有经验，在比较其业务水平时，其中一个重要环节就是了解这些律师曾经代理过的案件。

可以通过中国裁判文书网选择检索点"律师"，输入律师姓名，在检索结果中结合其他信息根据地域进行进一步筛选，找出其之前作为律师代理过的案件的裁判文书。

根据裁判文书的关键字、案由、内容、判决结果等信息对候选律师做进一步了解，并决定最后由哪一个律师代理自己的案件。

6.3.3 司法执行信息检索

司法执行信息一般是指各级法院依法向社会公开的与司法执行相关的信息，主要包括被执行人信息、限制消费信息、失信被执行人信息、终本案件信息等。司法执行信息可以帮助我们了解具体人和组织机构的信用状况，是尽职调查的重要信息来源。查询我国的司法执行信息，可以登录中国执行信息公开网。

1. 被执行人信息

通过法院判决，需要承担对应执行义务的人员，进入执行程序时，都可以称为被执行人，被执行人可以是个人，也可以是组织机构。被执行人信息一般包括被执行人姓名或名称、身份证号码或组织机构代码、执行法院、立案时间、案号、执行标的等信息。

2. 限制消费信息

限制消费是指被执行人未按执行通知书指定的期间履行生效法律文书确定的给付义务的，人民法院可以采取限制消费措施，限制其高消费及非生活或经营必需的有关消费。如果未按执行通知书指定的期间履行生效法律文书确定的给付义务的被执行人是单位的，限制消费的具体对象除被执行人外，还包括其法定代表人、主要负责人、影响债务履行的直接责任人员、实际控制人。限制消费信息包括姓名、身份证号、限制消费令等。

此外还可以利用中国执行信息公开网查询失信被执行人信息、终结本次执行案件信息。

案例：用中国执行信息公开网查询乐视公司。

调查一家公司，中国执行信息公开网是一个重要的渠道。中国执行信息公开网是最高人民法院旗下的综合查询平台，可以查询被执行人、限制消费人员、失信被执行人、终本案件、财产处置等信息。

乐视曾经是一个庞大的企业集团，旗下有多家公司，旗下的这些企业，名称中一般都有"乐视"两个字。中国执行信息公开网相关查询中，一般支持模糊查询，涉及被执行人姓名或名称的，只需输入两个汉字即可。所以查询乐视旗下企业的被执行信息，在综合查询被执行人界面下选择检索点"被执行人姓名/名称"，输入检索词"乐视"，"执行法院范围"选择"全国法院（包含地方各级法院)"，不填组织机构代码，输入验证码即可查询（图6-6）。

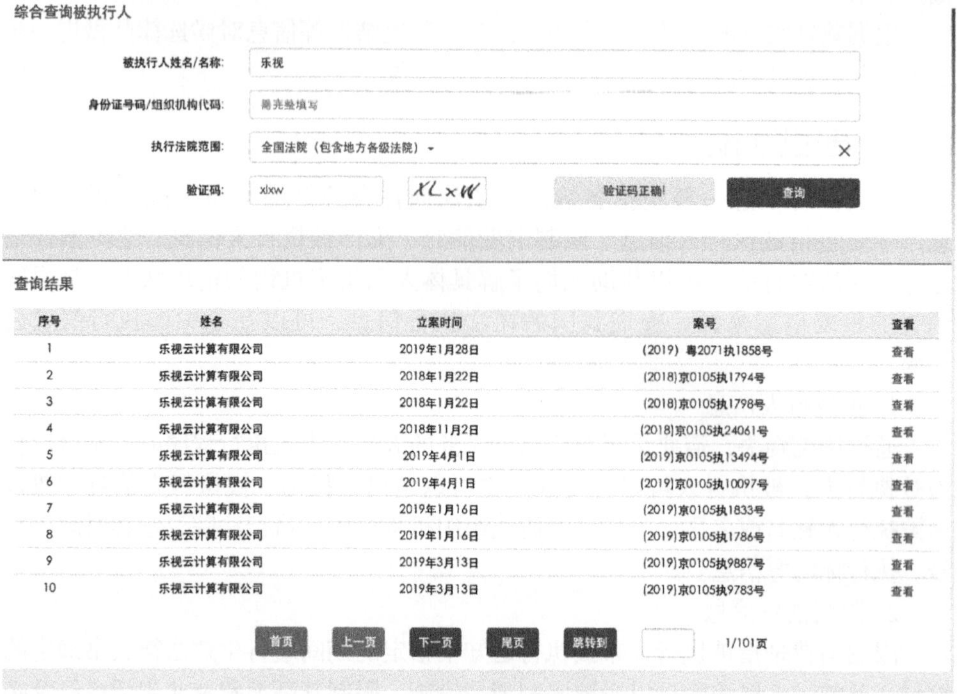

图6-6　综合查询被执行人检索结果

6.3.4　庭审直播录播视频检索

庭审直播、录播是一种面向社会大众的司法公开，有利于确保司法公正、提升司法能力，树立司法公信。近年来，各级法院通过网站、微博、微信等互联网平台向社会开放庭审直播和录播视频。这些庭审视频作为一类重要的信息资源，不仅是法律专业相关学生和从业者的学习资料，而且有利于向普通民众宣传法律知识。

庭审直播、录播视频，一般可以在各级人民法院的网站、微博、微信公众号等平台获取。最高人民法院旗下的中国庭审公开网是获取全国庭审直播、录播视频的权威平台，国内大多数法院接入了这个平台，每天直播案件数以万计，累计直播案件近千万件（图6-7）。

第6章 专题数据检索

图6-7　中国庭审公开网首页

6.4　教育数据检索

教育数据的检索和获取主要有三种途径，一是国家、政府相关网站，例如中华人民共和国教育部、省市教育厅、教育局等，获取权威教育数据；二是一些商业机构依托开放教育数据，进行加工处理后建设的数据平台、数据库等，如青塔网；三是一些数据导航平台，主要集成教育相关数据网站，建设一些教育专题导航等。此外零散的教育数据还可以通过政府部门、学校、营利性教育机构等的微博、微信公众号、抖音等途径获取。

1. 教育部

教育部网站（http://www.moe.gov.cn/jyb_sjzl/）内容涵盖各级各类学校数、各级各类学校教职工数据、招生数、在校生数、毕业生数、分学科研究生情况、学龄儿童净入学率、小学升学率、初中升学率、教育经费等（图6-8和图6-9）。

2. 青塔

青塔（https://www.cingta.com/opendata/list）是一家数据科技公司，主要为政府、高校、科研机构及企业提供数据云产品，目前整合有2.26亿高等教育大数据，基础数据来自教育部等权威数据源，可免费获取，高级功能需要付费使用（图6-10）。

99

图6-8 教育部网站首页

图6-9 2020年教育统计数据具体内容

第6章 专题数据检索

图6-10 青塔网站首页

3. 大数据导航——教育数据

大数据导航网站教育数据（http://hao.199it.com/edudata.html）部分根据是否需要付费，将教育数据网站分为两部分：免费工具和付费工具。内容覆盖国内外常用教育数据网站，包括联合国教育指数、美国教育数据、中华人民共和国教育部等（图6-11）。

图6-11 大数据导航——教育数据页面截图

6.5 医疗健康数据

常去的医院，看病的医生，护理的护士，到底有没有资质？吃的药品，戴的口罩，用的化妆品，到底有没有问题？充斥电视、广播、报纸、互联网等媒体的"三品一械"（药品、保健食品、特殊医学用途配方食品、医疗器械）广告，到底可不可信？其实可以通过查询得到答案。

1. 医卫资质信息检索

通过国家卫生健康委员会的官网，可以查询医卫资质信息。在国家卫生健康委员会官网"服务"栏目可以查询很多医卫项目、名单、资质等信息，其中包括器官移植机构、辅助生殖机构、爱婴医院名单、医院执业登记、产前诊断技术医疗机构等（图6-12）。

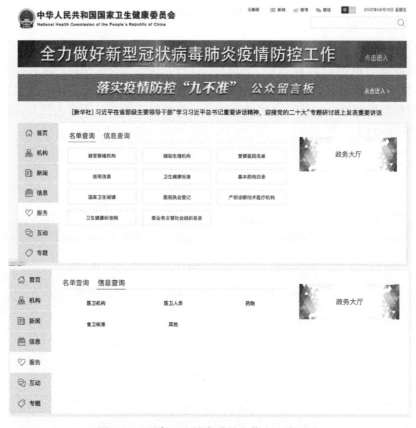

图6-12 国家卫生健康委员会信息查询列表

案例：查询医生资质。

第一步，查找国家卫生健康委员会官网。

第二步，寻找查询入口。在国家卫生健康委员会官网左边的导航栏，选择"服务"菜单，出现"名单查询"和"信息查询"两个栏目。国家卫生健康委员会提供的查询服务，大多集中在这两个栏目下面。单击"信息查询"，有医卫机构、医卫人员、药物食卫标准其他五种查询类别。

其他第三步，设置查询条件。鼠标移动到"医卫人员"上方，出现执业医师和执业护士两个选项。选择"执业医师"，在弹出的界面选择省份，填入医师姓名、医院名称和验证码，然后单击查询。如果能看到执业地点、姓名、医师级别等信息，说明这个医生在这个医疗机构是有行医资质等。如果找不到结果，至少说明这个医生在这家医疗机构是没有行医资格的。

2. 药品、医疗器械、化妆品信息检索

根据《药品注册管理办法》规定，我国对药品实行注册管理，在我国研制、生产、上市的药品，都要先注册。根据《化妆品监督管理条例》规定，化妆品分为特殊化妆品和普通化妆品，我国对特殊化妆品实行注册管理，对普通化妆品实行备案管理。根据"医疗器械监督管理条例"规定，我国对第一类医疗器械（低风险）实行产品备案管理，第二类（中风险）、第三类（高风险）医疗器械实行产品注册管理。这些注册和备案信息，由国家药品监督管理局负责向公众免费开放，公众可以通过国家药品监督管理局官网免费查询（图6-13）。

图6-13 国家药品监督管理局数据查询

案例：查询口罩的注册信息。

口罩已成为生活必需品，口罩分类很多，目前比较常见的是医用护理口罩，属于典型的医疗器械，而且属于第二类医疗器械，是应该到国家药品监督管理局注册的。注册信息可以按以下步骤查询：

第一步，找到查询系统。通过搜索引擎找到国家药品监督管理局官网，然后在这个网站找到"医疗器械"查询的链接。

第二步，设置查询条件。在查询界面右侧的"高级查询"中输入注册证编号，然后单击"查询"。

第三步，查看详情。单击查询结果，可以看到详情。核对包装上面的信息与这个注册信息是否相符。

第7章

网络信息资源与搜索引擎

7.1 网络信息资源概念、特点、类型

7.1.1 网络信息资源概念

网络信息资源是指可以通过网络获取的各种数字化信息资源的总称。

狭义的网络信息资源是指可在融合电子计算机技术、通信技术、多媒体技术的网络上发布、查询与存取的信息资源的总和。

网络信息资源检索是利用各种网络资源进行的信息检索。

7.1.2 网络信息资源特点

网络信息资源是一种新型数字化资源，与传统文献相比有很大差别，了解网络信息资源特点，有利于快速检索到需要查找的信息。网络信息资源有如下特点：

（1）信息量巨大、内容丰富。网络信息资源类型丰富多样。免费信息资源丰富，用户只要懂得一定的搜索技巧，有一定的检索经验，都能找到大部分免费的信息。

（2）形式多样、增长迅速。随着信息技术的飞速发展，网络信息更新及时、变化更加快捷新颖，而且可根据需要不断扩充。

（3）信息非线性排列、无序性增强。不受限制，信息资源杂乱无章、存储混乱，给利用增加了一定难度。

（4）信息的交互性增强。任何机构、个人不仅可以从互联网获取信息，还可以向网上发布信息，在网上提供讨论交流的渠道。

（5）内容庞杂、质量不一。由于缺乏统一的管理机制，来源不同的网络信息资源质量参差不齐，价值差别较大。因此要注意对网络信息的评价与鉴别。

（6）共享程度高、获取成本低。开放、平等、协作、分享是互联网精神的核

心。网络环境下,信息资源高度共享,用户获取信息资源的成本较低。

7.1.3 网络信息资源类型

按信息内容的表现形式可划分为以下几种:

(1)全文型信息,指直接在网上发行的电子期刊、网上报纸、印刷型期刊的电子版、各类教材、政府出版物、标准全文等。

(2)事实型信息,如天气预报、节目预告、火车车次、飞机航班、城市或景点介绍、工程实况等。

(3)数值型信息,主要是指各种统计数据。

(4)数据库类信息,是传统数据库的网络化。

(5)微信息,如微博、微信、博客、聊天、网络新闻组等。

(6)其他类型,如投资行情和分析图形图像、影视广告等。

7.2 搜索引擎概述

如今,互联网信息资源已经成为人类技术文明的巨大财富。网络信息资源的采集、传播和利用都达到了空前的水平,所涉及的范围也越来越广。但是人们在获得丰富的信息资源的同时,如何在浩如烟海的信息海洋中获取及时、准确并且有价值的信息,是提高网络信息资源利用效率的关键。而搜索引擎(Search Engine)则是获取有用信息的强有力工具,便于人们查找存储于其他网站的信息。本章主要介绍搜索引擎的类型、检索策略以及常用搜索引擎。

7.2.1 搜索引擎的概念

搜索引擎是为了解决信息过载问题而出现的技术,是一种在Web上应用的软件系统,是Internet查找信息资源的检索工具,它以一定的策略搜集和发现互联网上的信息,在对信息进行处理和组织后,为用户提供Web信息查询、导航和检索服务,将处理后的信息显示给用户。从使用者的角度看,搜索引擎通常提供一个包含搜索框的页面,在搜索框输入词语,通过浏览器提交给搜索引擎后,搜索引擎就会返回与用户输入的内容相关的信息列表,再返回到浏览器页面。面对种类繁多而且杂乱无章的巨大的网络信息资源,搜索引擎为我们提供了检索网络信息的途径。

7.2.2 搜索引擎的发展历程

1990年,当时万维网还未正式使用,文件传输主要通过FTP协议,大量的文件散布在各个分散的FTP主机中，为了便于人们在分散的FTP服务器中找到所需的资源，加拿大麦吉尔大学计算机学院的三位学生Alan Emtage、Peter Deutsch、Bill Wheelan开发出了Archie（亚奇）软件，它依靠脚本程序自动搜索网络匿名的免费FTP文件信息，然后对有关信息进行索引，为用户提供一个可搜索的FTP文件名列表，通过文件名查询，Archie会告诉用户哪一个FTP地址可以下载该文件。虽然Archie搜集的信息资源不是网页，但和搜索引擎的基本工作方式即自动搜集信息资源、建立索引、提供检索服务是一样的。因此，Archie被公认为现代搜索引擎的鼻祖。

1993年，World Wide Web Wanderer问世，这是美国麻省理工学院的学生Matthew Gray开发的，利用HTML网页之间的链接关系来检测互联网资源和捕获网页URL的"机器人"程序，也称为网络蜘蛛。World Wide Web Wanderer的出现为搜索引擎的快速发展提供了动力。1994年，Webcrawler正式亮相，Webcrawler是第一个支持全文关键词搜索的搜索引擎。之后Lycos、Yahoo、Infoseek、Excite等搜索引擎相继出现，从此搜索引擎进入了快速发展时期。这一时期各搜索引擎主要追求数据库的规模和检索的速度。

Google的出现是搜索引擎发展过程中一个重要的里程碑，从此搜索引擎在追求存储规模和检索速度的同时，更注重检索质量。基于PageRank专利技术，优化检索结果，提高了检索质量，逐渐确立了在搜索引擎领域的领先地位。

2000年后，搜索引擎进入了全面发展时期，特定领域的专业型搜索引擎大量出现，传统搜索引擎也开始在专业、精确、深度三个方向突出自己的特色。这个时期也是我国搜索引擎蓬勃发展的时期。2001年10月正式发布的百度目前已经成为全球最大的中文搜索引擎。之后，搜狗、有道、360搜索相继上线，掀起了搜索引擎市场竞争的新高潮。

如今随着前端技术、自然语言处理以及个性化推荐技术的发展，目前搜索引擎在专业性、准确性、易用性上已经相当成熟，搜索引擎也已经成为人们检索网络信息资源必不可少的工具。

7.2.3 搜索引擎的组成和工作原理

搜索引擎一般由搜索器、索引器、索引库、检索器和用户接口5个部分组成，前四个部分实际上是分别承担不同功能的计算机程序，索引库是存储索引信息的数据库（图7-1）。

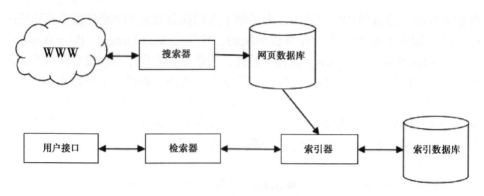

图 7-1 搜索引擎的组成

1. 搜索器

搜索器实际上是信息抓取程序，常被称为网络机器人或者网络蜘蛛，其功能是在互联网遍历、发现和收集信息。搜索器不仅可以抓取静态网页信息，还可以抓取如 doc、pdf、xls、ppt、mp3、rar 等特定类型的文件。为了提高搜索引擎收录的信息规模和质量，搜索引擎不但要不停地运行以尽可能多、尽可能快地抓取互联网上的新信息，而且还要尽可能频繁地更新已经收集过的旧信息以避免链接失效。因此，商业搜索引擎的搜索器一般是由众多高性能服务器一起工作，采用分布式和并行处理技术以及优化的搜索策略，以提高工作效率。

2. 索引器

索引器是为搜索器抓取来的网页建立索引的程序。搜索引擎的搜索器抓取到互联网的信息后，需要做一系列的处理才能提供检索服务，其中最主要的是建立索引，这部分工作由索引器完成。建立索引是指对搜索器抓取的信息进行分析后，从中抽取出可以表示该文档的索引项，并形成索引表存储在索引数据库中。索引项有客观索引和内容索引两种：客观索引项与文档的语义内容无关，如作者、URL、更新时间、长度、编码、信息类型等；内容索引项用来反映信息内容，如关键词及其权重、短语、相关度等。搜索引擎的质量很大程度上取决于索引的质量。一个好的索引模型应该易于实现和维护、检索速度快、空间需求低。搜索引擎普遍借鉴了传统信息检索中的索引模型，包括倒排文档、矢量空间模型、概率模型等。

3. 索引库

索引库的主要功能是存储索引器处理后的结构化信息，同时接受检索器的检索指令。基于搜索速度和服务器负载平衡考虑，一般大型搜索引擎会在各地部署很多索引库。

4. 检索器

检索器是根据用户在用户接口输入的检索条件进行检索的程序。对搜索引擎而言，信息收集和建立索引都是为了提供检索服务，而整个检索过程的核心部分则由检索器在服务器端完成。检索器根据用户的检索条件在索引数据库中快速查出匹配的检索结果集合，进行检索结果与检索条件的相关度评价，对将要输出的结果进行排序，并进行反馈。但由于目前一些商业搜索引擎采用竞价排名商业模式，相关度已不再是检索结果排序的唯一指标。虽然关键字仍然是网页相关度和排名的重要组成部分，但目前搜索引擎已经发展到能够理解查询的完整上下文，这背后是语义分析、知识图谱等技术的发展，使得搜索引擎能够为用户提供更加准确、有意义、更相关的搜索结果。

5. 用户接口

用户接口是搜索引擎为用户提供的可视化查询条件输入和结果输出的界面，是用户和搜索引擎发生信息交换的中介。用户接口的条件输入界面一般力求简洁，如 Google、百度等搜索引擎的首页。用户接口的结果输出页面则通常以列表形式展示检索结果的摘要信息。此外，多数搜索引擎会在结果界面给用户提供一些反馈信息，如检索词错误纠正、相关检索词、检索耗时、检索结果总数量等信息。

清楚了搜索引擎的组成，也就理解了搜索引擎的工作原理，即：抓取网页—处理网页—建立索引数据库—在索引数据库中搜索排序—定期更新索引数据库。

7.2.4 搜索引擎的类型

搜索引擎主要包括全文索引引擎、目录索引引擎、元搜索引擎、垂直搜索引擎、集合式搜索引擎、门户搜索引擎等。

1. 全文搜索引擎

全文搜索引擎是目前广泛应用的主流搜索引擎。它是指能够对网站页面文字内容进行全面搜索，并提取网页中的信息建立数据库，为用户提供以关键词方式进行全文搜索的引擎。

全文搜索引擎的特点是信息量大、更新及时、无需人工干预，不足之处是返回信息过多、查准率低。典型的全文搜索引擎代表有 Baidu、Google、Sougou、Bing。

2. 目录索引类搜索引擎

目录型搜索引擎以人工方式或半自动方式搜集信息，将信息系统加以归类，并建立分类导航目录。目录索引虽然有搜索功能，但在严格意义上还算不上是真正的搜索引擎，仅是按目录分类的网站链接列表而已。用户完全可以不用进行关键词查询，仅靠分类目录就可找到需要的信息。这类搜索引擎因为有了人的参与，所以信息相对准确，导航质量高，但也因为人工的介入导致查全率低、搜索范围较窄、信息更新不及时等缺点。目录式搜索引擎的典型代表有雅虎、新浪和搜狐。

3. 元搜索引擎

元搜索引擎在接受用户检索请求时，同时在其他多个引擎上进行搜索。元搜索引擎没有自己的索引数据库，而是出于其他多个搜索引擎之上。它通过一个统一的用户界面，调用多个单一搜索引擎执行检索，并对搜索结果进行汇集、筛选、删并等优化处理后再通过用户接口反馈给用户。元搜索引擎的运作是建立在以各种独立的搜索引擎为基础和数据源上，其优势是可以同时获得多个搜索源的结果，但难以发挥其他独立搜索引擎的特色。

4. 垂直搜索引擎

垂直搜索引擎是搜索引擎的细分和延伸，是相对通用搜索引擎的信息量大、查询不准、深度不够而提出来的新的搜索引擎服务模式。它是指资源收录范围限制在某一特定领域或特定类型的专业搜索引擎。其特点就是"专、精、深"。相比较通用搜索引擎的海量信息无序化，垂直搜索引擎则更专注、具体和深入，在特定的领域有较好的用户体验。例如专注于求职领域的51Job、专搜网盘资源的盘搜搜、专搜电子书的鸠摩搜索。

7.3 搜索引擎检索功能

一般来说，搜索引擎界面简洁，操作简单，很容易入门，这也是搜索引擎能够快速普及的一个重要因素。不过，为了提高检索的质量和效率，多数搜索引擎除了能进行简单检索，还可以通过高级检索语法或者高级检索的页面实现高级检索。

7.3.1 简单检索功能

1. 简单检索页面

简单检索就是在网站首页搜索框内直接输入检索词，就可以得到检索结果。通过检索结果列表的链接，进入目标页面。以百度为例，检索结果列表页面一般有图7-2所示的几个部分。

（1）检索结果标题。结果标题通常为结果页面的超链接，单击标题可以直接打开结果网页。

（2）检索结果摘要。检索结果摘要是搜索引擎对检索结果网页自动描述，通常包括网页发布时间、内容摘要，用户可以根据摘要简单判断是否满足需要。

（3）来源网站/URL。来源网站会展示结果网页来源于哪个站点，有的结果也会直接显示网页的URL。

第7章 网络信息资源与搜索引擎

图7-2 百度简单检索页面图

（4）相关搜索。相关搜索是与用户有相似检索需求的用户选择的查询词，由系统自动判断后产生，一般在结果页面的下方或侧边，点击相关搜索词后可获得以该词为检索词的结果页面。

2. 检索词的设计与选择

案例7-1：在Excel表格中，输入身份证号时，一回车，数字变成了E+17，原来的数字不能完整显示，要搜索解决这个问题的方法，可以在搜索引擎中输入什么关键词？

检索词通常是从问题的题干中提出的问题的主题词，在确定主题词时有以下几个原则：①应尽可能表述准确。避免手误导致的错查。②与主题相关。在通过搜索引擎进行检索时，尽量避免直接把自己的想法输入搜索引擎的检索框，而是应该提炼成简练且与检索需求密切相关的主题词。例如，在搜索框中直接输入"大学一年级信息素养方面的精品在线开放课程信息资源"，尽管很完整地体现了检索意图，但

111

是效果并不好。并不是所有的信息素养课程都是针对一年级的,因此"大学一年级"实际上与主题无关,而且会使搜索引擎过滤掉大量不含"大学一年级"但非常有价值的信息;同样,"信息资源"也与主题无关,会导致漏检,因为尽管我们搜索的内容属于信息资源,但"信息资源"四个字并不一定出现在这个网站上;另外,"方面的"属于没有检索意义的词,对检索结果产生干扰。实际上,就这个检索需求而言,只有"信息素养"和"精品在线开放课程"两个关键词是有效的,因此,即使仅适用"信息素养 精品在线开放课程"这样的检索式也能取得较好的检索效果。主题词中间的空格表示布尔逻辑"与",即要求检索结果中必须出现"信息素养"和"精品在线开放课程"两个词,但不要求两个词连着出现,这样的主题词不仅与主题密切关联,而且简练。③考虑主题词的等同词、上位词、下位词和同类词。等同词是指同一个对象的不同说法,比如缩写和全称、学名和俗名、不同语序的说法等,不同的词汇指代的是同一个对象,比如北大和北京大学;上位词是指概念上更加外延的主题词,例如,花是鲜花的上位词,电脑是台式机的上位词等;下位词是更具体的概念词,例如,天气的下位词可以有郑州天气、上海天气等。在搜索效果不佳时,可适当考虑使用原主题词的等同词、上位词、下位词进行检索。

因此,案例7-1中的问题可以选择的关键词有:

Excel 身份证号 E+17

Excel 身份证号 不能完全显示

Excel 长数字 不能完整显示

Excel 取消科学记数法

在设计检索词时,也可以尝试添加辅助词,辅助词是指配合主题词起补充说明作用的词,例如,我们要下载音乐或者软件,可以加一个辅助词"下载"。通过恰当地使用辅助词也可以帮助我们提高检索效率。

案例7-2:能否猜出以下检索词的检索意图?

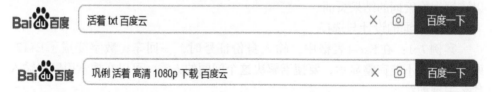

搜索引擎有一定的容错功能,即使输入一个生硬的句子作为检索词,也可能找到一些内容。但与主题无关的词汇可能会影响检索结果的质量。但在某些特定情况下,也可以使用句子作为检索词。

案例7-3:查找"世上只有一种真正的英雄主义,就是在认清生活的真相之后依然热爱"这句话的出处(图7-3)。

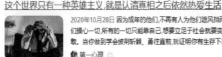

图7-3 解答图片

如案例7-3，使用句子作为检索词的第一种情况是我们在搜索内容出处时，可以考虑使用完整的句子，因为只有完整的句子才能表达我们的检索意图。

案例7-4：学编程的小信在某一次编程中遇到一个报错信息"java.sql.SQLException:Wrong number of parameters:……."作为初学者的小信想要知道这个报错是什么意思？应该怎样搜索？

案例7-4是使用句子作为检索词的第二种情况，就是当要检索的问题没有明显的特征时，可以考虑使用完整的句子进行检索，案例7-4的检索结果如图7-4所示，通过语句匹配就能找到同样问题的解决方法。

案例7-5：小李看到一篇文章觉得不错想要保存下来，但是网站设置无法复制，如图7-5所示，请问有什么办法可以帮助他？

首先网络上关于破解网站复制的方法有很多，这里给大家介绍一个比较简单的思路，就是通过搜索引擎搜索其他可以复制的来源渠道。如图7-6所示，在案例7-5的问题中，可以通过搜索文章中的句子来搜索其他信息源，这也是使用句子作为检索词的第三种情况，即当需要搜索信息的其他来源时。

图7-4 案例7-4检索结果

图7-5 案例7-5图示

第7章 网络信息资源与搜索引擎

最后，关于检索词的选择，还可以利用搜索引擎提供的检索词联想和相关搜索进行选择，如图7-7所示，通常搜索引擎会根据用户的输入显示关联的检索词，当用户无法准确描述自己的检索需求时，可以尝试利用搜索引擎提供的检索词联想和相关搜索。

图7-6 案例7-5解决方法

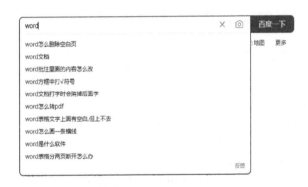

图7-7 搜索引擎搜索关联词图片

7.3.2 搜索引擎的高级检索语法

搜索引擎的高级检索功能一般通过高级检索语法或者高级检索页面实现，目前主流搜索引擎的高级检索语法有以下几类。

1. 特定类型文件检索：filetype

互联网中很多资源并非以普通网页形式存在，而是以各种类型的文件形式存在。目前，主流搜索引擎可以通过filetype语法指定要找的具体文件格式。需要说明的是，不是所有的文件格式都可以指定，多数搜索引擎支持doc、ppt、xls、pdf、txt等格式（图7-8）。

语法格式：关键词 filetype:文件格式

图7-8 filetype示例（使用filetype限定检索文档）

2. 布尔逻辑非：减号

在使用搜索引擎时，如果发现检索结果中，有某一类网页并不是自己所想要的，并且这些网页都包含特定的关键词，这种情况下可以考虑使用减号语法，去除所有包含特定关键词的网页（图7-9和图7-10）。

第7章 网络信息资源与搜索引擎

图7-9 减号示例（使用-限定去掉干扰信息）

图7-10 减号示例（使用-限定去掉广告）

语法格式：关键词1 - 关键词2（在使用减号时，前一个关键词和减号之间必须有空格，否则，减号会被当成连字符处理而失去语法功能。）

3. 把搜索范围限定在特定站点中：site

如果只希望获取某一站点内的资源，可以通过站内搜索来实现，但不是所有网站都提供有站内搜索功能，此时可以通过 site 语法限定检索的站点范围来提高检索效率（图7-11）。

语法格式：关键词 site:站点地址

图7-11 site示例（使用site限定检索站点）

4. 限定搜索网站：inurl

URL是互联网上标准的资源地址，网页URL中的某些信息，常常有某种有价值的含义。如果想要对搜索结果的URL做某种指定，可以使用inurl实现。inurl有时候是可以和site相互替代的，但因为site要求的是一个域名的形式，而inurl要求关键词的形式就可以，所以当你忘记网站的域名时，可以使用inurl通过指定URL中关键词的方式缩小搜索范围（图7-12）。

语法格式：inurl:关键词

图7-12　inurl示例（使用inurl限定检索站点）

5. 精确匹配：双引号

在检索的过程中，搜索引擎会对用户提交的关键词进行处理，如果关键词过长，搜索引擎会根据相应的规则对关键词进行拆分，如果不想让搜索引擎进行拆分，可以给关键词加上双引号（图7-13）。

语法格式："关键词"

6. 把检索范围限定在网页标题中：intitle

网页标题通常是对网页内容提纲挈领式的归纳，把检索范围限定在网页标题中，可能会得到更好的检索效果，可以通过intitle或者title语法实现把检索范围限定在网页标题中的功能。

随着互联网的发展，搜索引擎的结果优化排序功能不断优化，现在即使不用intitle语法，搜索引擎也会尽量把标题中出现关键词的结果排在前边，所以这个语法的作用也没有之前那么明显了（图7-14）。

语法格式：intitle:关键词 或 title:关键词

图7-13 双引号示例(使用双引号精确匹配)

图7-14 intitle示例(使用intitle限定检索范围)

7.3.3 搜索引擎的高级检索界面

绝大多数搜索引擎都会提供高级检索界面，相对于简单检索而言，高级检索提供更细致的检索条件。相对于高级检索语法，高级检索界面为用户提供了高级检索的可视化界面，不再需要记检索语法规则，因此对于用户来说，通过搜索引擎的高级检索界面检索是提高检索效率的合适选择。

图7-15所示是百度的高级检索界面，图中每个字母代表一项检索功能。其中，A为"包含全部关键词"，相当于高级语法中的and；B为"包含完整关键词"，相当于高级语法中的引号；C为"包含任意关键词"，相当于高级语法中的逻辑或；D为"不包括关键词"，相当于高级语法中的减号；E为"文档格式"，相当于高级语法中的filetype；F为"关键词位置"，实现的是高级语法中的intitle或者inurl；G为站内搜索，相当于高级语法中的site。除此之外，百度的高级检索界面还可以限定网页的时间。可以看出，高级检索界面囊括了常用高级检索语法的大部分功能，一定程度上提高了检索的灵活性。

图7-15　百度高级检索界面

7.3.4 检索策略

搜索引擎的检索策略是指利用搜索引擎进行信息检索的规划、流程，如图7-16所示。

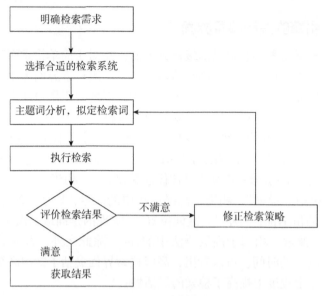

图 7-16　检索策略

1. 明确检索需求

在进行信息检索之前仔细分析自己的检索需求是必要的。不同的检索系统适合不同的检索需求。例如是要使用搜索引擎还是分类目录式的导航网站，或是学术文献的数据库。尽管搜索引擎不可能满足所有的检索需求，但是在检索思路不明确的情况下，搜索引擎应该是检索系统的首选。通过搜索引擎，即使不能直接找到目标信息，往往也能找到检索的相关思路，以利于进一步检索。

关于检索词选择的小结：

（1）尽量准确提取关键词；

（2）尝试上位词、下位词、辅助词等多种检索词的组合；

（3）根据具体情况使用句子进行检索；

（4）注意联想词或者相关检索；

（5）添加合适的高级检索语法；

（6）在实践和尝试中调整检索词。

2. 选择搜索引擎及其具体功能

在确定使用搜索引擎的前提下，仍然需要在多个搜索引擎中做出选择。例如，目前国内最大的中文搜索引擎——百度，适合多数中文检索需求，微软的 bing 适合外文信息需求，某些垂直搜索引擎适合特定类型的检索需求等。

确定搜索引擎后，还要考虑搜索引擎的具体检索功能，使用简单检索还是使用高级检索。一般而言，多数常见的检索使用搜索引擎的简单检索功能就能完成检索任务。但如果对检索结果的准确性和检索效率有要求的话，可以考虑使用高级检索功能。

3. 确定检索式

检索表达式的确定是使用搜索引擎检索的一个关键步骤，检索表达式直接关系检索效果的好坏。检索表达式本身没有一个固定的格式，但考虑到检索的效率，在分析检索需求的基础上，有意识地使用"主+辅+限定"结构的表达式能取得较好的检索效果。

需要说明的是，一个检索表达式中至少有一个主题词，辅助词和语法限定则可有可无，可以有一个也可以有多个。

4. 修正检索式

首次确定的检索表达式并非总是最优的，在实际检索时，往往要根据搜索引擎返回的检索结果反复对检索表达式进行修正，直到得到满意的检索结果。放宽检索条件以提高查全率时，就会降低查准率，可能会出现大量相关度较低的结果；反之，当收紧检索条件以提高查准率时，就会降低查全率，甚至得不到任何结果，因此要及时调整检索表达式。

如果返回结果很多、误检率较高，原因可能是主题词不具体、对关键词的限制不够。这种情况下对检索表达式的修正方法有：选用下位词或专指性较强的词；增加限制条件，采用逻辑"与"增加主题词。

如果返回结果过少，原因可能是主题词太多、主题词不规范、拼写错误、限制过多等。这种情况下，对检索表达式的修正方法有：选用上位词或者相关词检索；采用逻辑"或"；减少逻辑"与"的运算；去除某些限制语法等。

7.4 常见搜索引擎介绍

7.4.1 综合型搜索引擎

1. 百度

百度域名：http://www.baidu.com。

搜索引擎介绍：百度公司于2000年1月在北京中关村创建，创始人是李彦宏和徐勇。创建初期，主要是为搜狐、新浪、163、Tom等门户网站提供搜索引擎后台支持服务。2001年8月，发布Baidu搜索引擎Beta版，从后台服务转向独立提供搜索服务，并在中国首创了竞价排名商业模式，同年10月22日正式发布。目前，百度是全球最大的中文搜索引擎。

目前，百度除了普通的网页搜索，在垂直搜索方面也推出了相关产品，如图片搜索、资讯搜索，另外，百度在网络百科、网络经验、效率工具等非搜索领域也推出了相关产品，如百度百科、百度贴吧、百度经验等（图7-17）。

图7-17 百度产品大全

百度提供简单检索和高级检索两种检索方式。简单检索界面简洁，易于操作。百度的高级检索体现在三个方面：一是通过高级语法在简单搜索框中实现高级检索；二是通过百度的高级检索页面实现高级检索；三是通过百度的垂直搜索实现高级检索。

2. 搜狗

搜狗域名：http://www.sougou.com。

搜狗于2004年上线，以搜索技术为核心，致力于中文互联网信息的深度挖掘。

与其他搜索引擎类似，搜狗支持高级搜索语法，也有高级搜索界面。特别是搜狗的垂直搜索，不仅有图片搜索、视频搜索，还可以专搜知乎，专搜微信。

3. Bing

Bing域名：http://www.bing.com，中文名为必应。

Bing是微软旗下的搜索引擎，于2009年5月发布，简体中文版于2009年6月开放访问。Bing的名称取自一位百岁老人的姓氏，中文名称必应有"有求必应"的寓意。

Bing提供国内版和国际版搜索，国内版也提供有图片搜索、资讯搜索等垂直搜索服务。国际版对英文搜索的支持比较好，同时会对传回的结果进行汇总，如图7-18所示。

图7-18　bing城市搜索界面

7.4.2 垂直搜索引擎

随着用户的需求越来越精细化，市场上在2006年后逐步兴起了垂直搜索引擎，垂直搜索引擎可能专注于特定的搜索领域，也可能专注于特定资源类型。如专搜旅游信息的马蜂窝网站，专搜视频的B站等。

垂直搜索引擎的特点是专、精、深。专是指专业，因为垂直搜索只搜索特定领域的内容。精是指精确，垂直搜索缩小了搜索的范围，大幅度降低了不相关资源的干扰，提高了搜索结果的精确性。深是因为垂直搜索引擎在技术上采用的是深度优先策略，且存储的都是结构化的数据，因此可以从多维度对搜索的信息进行筛选，从而搜索到更多通用搜索引擎无法检索的内容。

1. 网盘搜索

案例7-6：如何在网盘中搜索信息素养相关的课件？

网盘中有大量可用的资源，而且这些资源通常都是人为公开分享的，因此找到的资源相对靠谱。但无论是百度网盘还是腾讯微云都没有提供官方的搜索入口。

搜网盘资源，也有专门的搜索引擎，案例7-6中的问题可以使用"小白盘"网盘搜索引擎解决，如图7-19所示，在搜索框中输入"信息素养"，系统会返回搜索的结果，选择需要的条目点击进入详情页，如图7-20所示，点击网盘即可进入网盘下载页面。

图7-19　小白盘首页

第 7 章 网络信息资源与搜索引擎

图 7-20 小白盘详情页示例

小白盘作为专搜网盘资源的垂直搜索引擎，本身并不存储具体的网盘资源，而是为用户提供一种搜索服务，并给出具体资源文件的链接。类似的网盘垂直搜索引擎还有罗马盘、大力盘、毕方铺等。

2. 电子书搜索

案例 7-7：小信想要将马尔萨斯《人口原理》电子书下载到本地阅读，除了使用网盘搜索，还有其他渠道可以帮他找到资源吗？

电子书的搜索可以使用搜索引擎的高级语法限定文件类型的方法，也可以使用网盘搜索的方法，如果要更全面、更便捷地检索，可以考虑使用电子书类垂直搜索引擎。案例 7-7 中的问题可以使用鸠摩搜书电子书搜索引擎进行检索，如图 7-21 所示，鸠摩搜书可以给出各种可用资源的链接，并可以按照资源格式进行筛选。

图 7-21 鸠摩搜书示例

3. 图片搜索

案例7-8：小信无意中看到一张图片，如图7-22所示，他想知道图片中的地方是哪里，你能帮他找到吗？

图7-22　以图搜图示例

目前多数主流综合型搜索引擎都提供有针对图片的垂直搜索，对于案例7-8中的问题，可以使用综合搜索引擎中的图片搜索，如图7-23所示百度以图搜图界面，是百度的图片搜索，支持关键词搜索和图片搜索，将图片拖入搜索框后系统将检索所有包含该图片的网页，点击即可查看网页详情（图7-24）。

图7-23　百度以图搜图界面

图7-24　以图搜图结果示例

表7-1列举了一些小众有趣的垂直搜索网站。

表7-1　小众有趣的垂直搜索网站

网站	网址
搜图标	iconfont.cn
搜透明图片	Pngimg.com
历史比价	Manmanbuy.com
找歌谱	gepuwang.net
用药助手	Drugs.dxy.cn
字体识别	Likefont.com
搜动图	Soogif.com
英语听力	elllo.org

7.4.3　学术搜索引擎

学术搜索引擎是垂直搜索引擎的一种，专门用来检索学术信息资源。学术搜索引擎在索引大量学术信息资源的基础上通过一个入口向用户提供检索服务。用户通过学术搜索引擎检索学术信息并获取全文链接。

案列7-9：通过百度学术，查找题目中含有"信息素养"的免费论文。

第一步，找到百度学术网站。网址为：https://xueshu.baidu.com。

第二步，在百度学术首页单击检索框左侧的"高级检索"按钮，在弹出的界面中进行如图7-25所示的设置，然后单击"搜索"按钮。

图7-25　百度学术检索条件设置

第三步，筛选检索结果。百度学术提供了时间、领域、核心、获取方式、关键词等多种筛选字段。在如图7-26所示的检索结果中，单击左侧筛选区"获取方式"下的"免费下载"选项。筛选后的结果都是提供有免费下载渠道的结果。

图7-26　百度学术检索结果页面

第四步，获取全文。点开其中的一篇结果，可以看到结果详情。在这个详情页面，可以看到"全部来源""免费下载"等选项，单击"免费下载"可以看到这篇文献的所有免费下载链接，单击其中的一篇即可下载全文（图7-27）。

图 7-27　百度学术结果详情页面

百度学术搜索是百度旗下的学术搜索引擎，可以检索期刊论文、学位论文、会议论文、图书等多种文献类型。

百度学术通过一个简洁的入口提供一站式检索，也提供高级检索功能。另外，百度学术还有论文查重、期刊频道、学术分析、开题分析、文献互助等服务。

百度学术的检索结果提供各类文献的题名、作者、来源期刊、出版时间、被引量、摘要、来源等题录信息。一般一个结果会给出多个来源，单击可以进入文献来源的具体详情页面，部分来源提供免费获取全文的链接。百度还提供了对检索结果的收藏、引用、筛选等服务。

与百度学术搜索类似的学术搜索引擎还有必应学术搜索（https://cn.bing.com/academic/）和熊猫学术搜索（https://panda321.com/）等，操作界面通常简单明了，支持题名、DOI、作者等多种字段检索。

7.5　专题网络资源介绍

7.5.1　在线视频课程

随着互联网的飞速发展，信息环境下课程学习的方式也发生了很大变化，在线视频课程迅速发展，提供了丰富的在线课程资源，不仅能够获取丰富的知识，也提升了信息素养能力。

在线视频内容更加直观，容易接受，互联网在线视频内容形式多样化，有专业视频（例如，慕课、网易公开课、学堂在线、智慧树、爱课程等大量的教学课程视频），也有娱乐视频、长视频、短视频等。

1. 中国大学慕课平台

慕课（MOOC），即大规模开放在线课程，是"互联网+教育"的产物。英文直译"大规模开放的在线课程（Massive Open Online Course）"，是一种在线课程开发模式。

中国大学MOOC是由网易与高等教育出版社携手推出的在线教育平台，承接教育部国家精品开放课程任务，向大众提供中国知名高校的MOOC课程。

新制作一门MOOC课程都必须在高等教育出版社爱课程网实名认证。需要涉及课程选题、知识点设计、课程拍摄、录制剪辑等9个环节。课程发布后老师会参与论坛答疑解惑、批改作业等在线辅导，直到课程结束颁发证书。每门课程都有考核标准，当最终成绩达到老师的考核分数标准，可申请认证证书（电子版）。

除了中国大学MOOC平台，国内比较有代表性的专业MOOC平台还有网易公开课和爱课程。

2. 网易公开课

2011年11月，网易宣布正式推出"全球名校视频公开课项目"，首批1200集课程上线，其中有200多集配有中文字幕。网易公开课汇集清华大学、北京大学、哈佛大学、耶鲁大学等世界名校共上千门课程，覆盖科学、经济、人文、哲学等22个领域，可以开拓视野，获取有深度的好知识。

用户可以在线免费观看来自于哈佛大学等世界级名校的公开课课程，可汗学院、TED等教育性组织的精彩视频，内容涵盖人文、社会、艺术、科学、金融等领域。

网易公开课既有计算机网页版，也有手机App，能够满足多种学习场景；既可以按照学校、学科进行导航查找，也可以直接一站式搜索，非常方便（图7-28）。

3. 爱课程

爱课程（https://www.icourses.cn/）是教育部、财政部"十二五"期间启动实施的"高等学校本科教学质量与教学改革工程"支持建设的一个高等教育课程资源共享平台，集中展示"中国大学视频公开课"和"中国大学资源共享课"（图7-29）。

网站利用现代信息技术和网络技术，面向高校师生和社会大众。提供优质教育资源共享和个性化教学资源服务，具有资源浏览、搜索、重组、评价、课程包的导入导出、发布、互动参与和"教""学"兼备等功能，是高等教育优质教学资源的汇聚平台。

第7章　网络信息资源与搜索引擎

图7-28　网易公开课界面

图7-29　爱课程界面

133

除了国内MOOC平台，国外MOOC平台有Coursera https://www.coursera.org/、Udacity https://cn.udacity.com 中文版等。

4.Coursera（https://www.coursera.org/）

免费在线大学课程，是由斯坦福大学教授Andrew Ng和Daphne Koller创建，该网站旨在同顶尖的大学合作，帮助他们创建在线免费课程，以计算机科学为主。

国外的一些新项目就是针对在线免费教育，让更多渴求知识的人只要上网即可拥有高等学府才能有的教育机会。

5.Udacity（https://cn.udacity.com 中文版）

Udacity是全球首个在线教育领域企业，2011年创立的在线前沿科技教育平台。目前中国、印度、欧洲、巴西、迪拜5个国家设立分部。Udacity与全球行业领袖共同设计教育内容，让每个人都有机会学习并掌握人工智能、数据科学、自动驾驶、自然语言处理、计算机视觉、AI量化投资、区块链、云计算等前沿科技与热门信息及开发技术。

7.5.2 问答社区

问答社区不仅能够满足网络用户的知识社交需求，而且为互联网积累了海量、优质、免费、问题导向的信息资源。

问答社区包括以下特点：

（1）内容有广度也有深度。

（2）碎片化的知识能够显示个体的价值。

（3）问题导向，体现群体的力量。

（4）知识社交，良性聚合。

1. 知乎——真实的问答社区

中文互联网高质量真实的网络问答社区和创作者聚集的原创内容平台，于2011年1月正式上线。凭借认真、专业、友善的社区氛围、独特的产品机制以及结构化和易获得的优质内容，连接了各行各业的精英，分享彼此的专业知识、经验、见解，为中文互联网源源不断地提供高质量的信息，聚集了中文互联网科技、商业、影视、时尚、文化领域最具创造力的人群。已成为综合性、全品类、在诸多领域具有关键影响力的知识分享社区和创作者聚集的原创内容平台，建立起了以社区驱动的内容变现商业模式。

知乎主要功能有个人主页、提问与回答、邀请、投票、话题。

除了知乎，百度知道也是全球最大的中文问答互动平台。

2. 百度知道——最大的中文问答互动平台

全球最大的中文搜索引擎，致力于让网民更便捷地获取信息，找到所求，每天为数亿网民答疑解惑。百度知道通过AI技术实现智能检索和智能推荐，让每个疑问都能够快速获得有效解答。百度超过千亿的中文网页数据库，可以瞬间找到相关的搜索结果（图7-30）。

百度知道特点：在于和搜索引擎的完美结合，让用户所拥有的隐性知识转化成显性知识，用户既是百度知道内容的使用者，同时又是百度知道的创造者，在这里累积的知识数据可以反映到搜索结果中。通过用户和搜索引擎的相互作用，实现搜索引擎的社区化。

图7-30 百度知道界面

7.5.3 微信公众号

作为一种重要的信息传播平台，微信公众号逐渐成为大众获取信息的重要信息源。微信公众号信息资源包括以下特点：

（1）主题明确。一个微信公众号一般有一个明确主题，分享的资源一般都与这个主题密切相关。可以根据兴趣关注合适的公众号。

（2）内容实用。微信公众号会分享很多"干货"内容，有些内容知识点少，碎片化，一般比较实用。

（3）互动性强。有些公众号会把资源分享与网友互动结合起来，通过内容吸引用户参与，进而提升公众号订阅用户的活跃度。比如，在互动提示里回复指定的文字可以得到针对性内容的推送。

微信公众号内容主题各式各样，内容质量差别也比较大，如何找到有价值的微信公众号呢？

（1）有意识搜索：一方面微信公众号提供搜索功能，另一方面也可以在搜狗、知乎、百度平台上搜索微信公众号推荐的文章，根据推荐的文章相互比较，结合自己需要的，找到合适的微信公众号。

（2）积极探索：在微信中看的一篇有价值的文章，可以留意出处，如果文章来自某微信公众号，就可以关注这个公众号，能够找到类似其他有价值的文章。

7.5.4 网络百科

1. 百度百科

全球领先的中文百科全书。百度百科是百度公司推出的一部内容开放、自由的网络百科全书，是基于搜索平台建立的社区类产品。这是继百度贴吧、百度知道之后，百度再度深化的知识搜索体系。

"世界很复杂，百度更懂你"，百度百科旨在创造一个涵盖各领域知识的中文信息收集平台。百度百科强调用户的参与和奉献精神，充分调动互联网用户的力量，汇聚上亿用户的头脑智慧，积极进行交流和分享（图7-31）。

2. 搜狗百科

搜狗百科是搜狗旗下的一个百科网站，秉承搜狗"智慧搜索"理念。是一个巨大的互联网知识库，汇聚了上亿网民的智慧结晶，搜狗知识则搜索聚合了多家

图7-31　百度百科界面

百科、问答类网站的优质数据。搜狗知识搜索利用了搜索匹配技术，能够向用户提供更相关的搜索结果（图7-32）。

内容涵盖面极广，囊括了自然、科学技术、艺术文化、历史地理、社会人文、自然等多个方面。用户可以通过浏览开放分类的方式来查阅各个分类下的内容组成。

图7-32 搜狗百科界面

3. 高校百科

高校百科推出全国高校集合页，收录了全国所有本科和专科院校，并支持按地区、办学性质、学校分类等查找。对本科专科高校词条内容进行全面更新梳理，利用Tab分类展示，内容更丰富，条理更清晰。对招生计划、历年分数线等，一改传统长表格展示的形式，在表格中加入交互，可以按生源地、文理科、年份快速查找所需信息，用户体验得到了很大的提升。

4. 360百科

360百科是一个中文百科，是360搜索的重要组成部分之一，内容涵盖了新闻、数码、财经、旅游、影视等所有领域的知识。其宗旨是帮助用户更加及时、便捷地获得准确而权威的信息。并且通过和360搜索的结合，以及同专业网站的合作给予用户最全面的服务。360百科包括以下特点：

（1）时效性。词条页面设置十大热门词条，实现百科和新闻的整合，让用户第一时间获取信息。

（2）合作性。用户可以参与到360百科词条的编辑中，经过严格的审核后，将会成为共享信息。

（3）服务性。网络百科不仅是信息平台，还是服务平台。用户想旅游，不但可以在360百科查询到旅游信息，还可以链接到专业自助游网站，直接下载攻略。360百科所提供的，不仅是静态信息，还有动态服务。

7.5.5　专业学习网站

案例7-10：小李同学想查找数学建模国赛的相关试题，应该如何查找呢？

第一步，输入网址：http://www.madio.net/portal.php，进入数学中国网站，如图7-33所示。

图7-33　数学中国页面

第7章 网络信息资源与搜索引擎

第二步，点击上方数模资源，进入图7-34所示界面，点击"数学中国夏令营交流"。

图7-34 数学中国夏令营交流界面

第三步，进入图7-35所示界面，点击"备战国赛资源"。

第四步，进入图7-36所示界面，找到"1992—2021数学建模历年国赛题"，下载即可获取资源。

专业学习网站是指某一专业、某一技能或某一群体的垂直领域知识分享网站。例如：

1. 数学中国网站

数学中国网站（http://www.madio.net/portal.php）是以数学中国社区为主体的

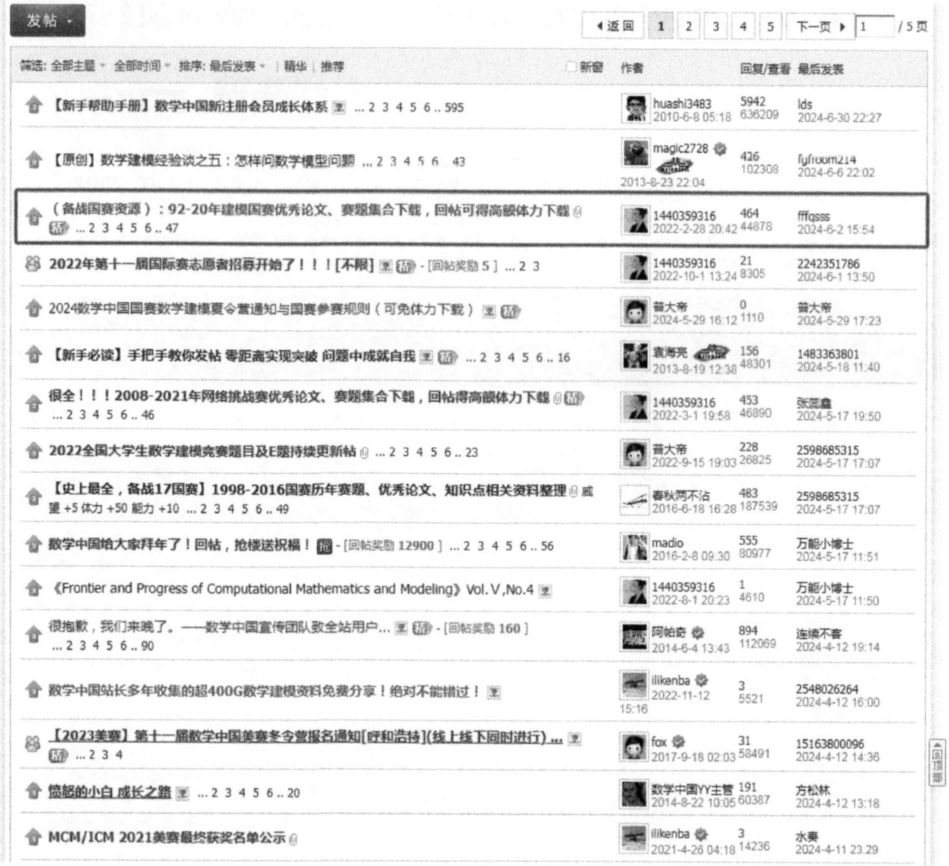

图7-35 备战国赛资源界面

综合性学术社区，下分建模、编程、学术理论、工程应用等板块。从2003年11月建站以来一直致力于数学建模的普及和推广工作，目前已经发展成国内会员最多、资源最丰富、流量最大的数学建模网络平台。始终秉承服务大众的理念，坚持资源共享、共同进步的原则，努力营造出严肃、认真、务实、合作的学术氛围。

资料资源共享：网站可以免费获得数学、计算机、软件类等一切有利资源。

比赛培训活动：组织数学建模类培训以及比赛，巩固基础、提高成绩、获得实战经验。

2. 菜鸟教程（www.runoob.com）

菜鸟教程提供了编程的基础技术教程，介绍了HTML、CSS、Javascript、Python、Java、Ruby、C、PHP、MySQL等各种编程语言的基础知识。提供了大量的在线实例，通过实例，可以更好地学习如何建站。推广各种编程语言技术，所

第 7 章 网络信息资源与搜索引擎

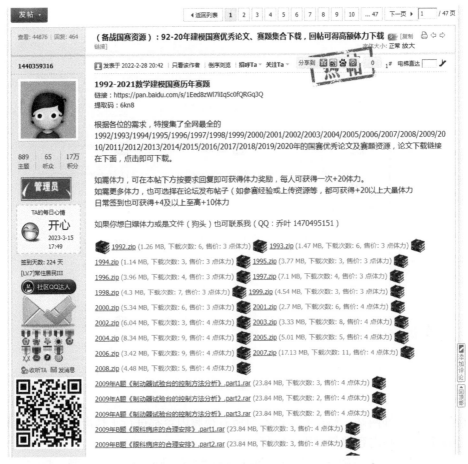

图 7-36　1992—2021 年数学建模历年国赛资源

有资源是完全免费的，并且会根据当前互联网的变化实时更新本站内容。

3. 中国日报网英语点津

中国日报网英语点津（https://language.chinadaily.com.cn）以"原创、轻松、实用"等特色吸引众多大学生、教师、外企职员、公务员等英语学习者和工作者。从听、说、读、写、译等方面入手，提供大量权威、丰富、有趣、免费的英语学习资源，为读者创造了一个轻松学英语的多媒体网络空间。英语点津出品的《最新汉英特色词汇》多次再版，受到读者的广泛认可。

4. 译学馆

译学馆（www.yxgapp.com）是一个质量极高的视频学习网站。它通过各种高质量短视频内容，丰富知识，让使用者能力得到全方位的提升。译学馆所有视频

图7-37 菜鸟教程界面

内容来源于国外网站，质量高，网站对所有视频内容都进行了精准的翻译，网站看到的所有视频内容都带有中文字幕。

网站提供了丰富的学习课程，包括TED教育、励志演讲、科普、哲学、商业、英语学习等（图7-38）。

5. 大学资源网

大学资源网（http://www.dxzy163.com/）有考研、外语、电脑等课程视频，可以学习大量知识或技能，从而提升竞争力。大学资源网提供了丰富的大学课程，包括经济管理、医学课程、市场营销等，大学里有的专业这里都能找到课程（图7-39）。

最新的考研视频课程：考研数学、考研英语、考研政治、考研专业课。各种外语视频课程：四六级、雅思托福、英语口语等。考级考证资格考试视频课程：公务员考试、司法考试、工程建筑等。各种专业技能学习课程：办公软件、编程、数据库、网页设计、操作系统等。大学资源网的课程完全免费，并且视频课程一直在更新。

第7章 网络信息资源与搜索引擎

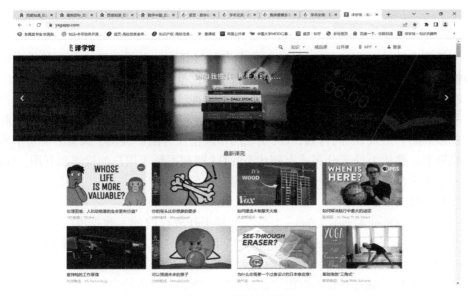

图7-38 译学馆界面

图7-39 大学资源网界面

143

7.5.6 开放存取资源

开放存取（Open Access，OA）又译为开放获取、开放共享，是一种学术出版模式或者机制。其初衷是利用互联网自由传播推动科研成果，促进学术信息的广泛交流与出版，提升科学研究的公共利用程度，保障科学信息的长期保存，提高科学研究的效率。其核心是：作者付费、读者免费。随着OA运动的兴起，越来越多的期刊加入OA的行列，OA期刊的不断增长为用户提供了大量的免费学术信息资源。整体上处于分布式存储状态的OA期刊不利于用户的检索和利用，OA学术搜索引擎的出现为这一问题提供了解决方案。

1. OALib

OALib（Open Access Library）是一个基于开放存取的元数据库的搜索引擎，网址是：https://www.oalib.com。截至2024年6月，OALib提供的开源论文超过5760136篇，涵盖所有学科，且所有文章均可免费下载。

案列7-11：通过OALib查找"虚拟现实"方面的学术论文。

为了更全面地检索，应使用中文"虚拟现实"和英文"virtual reality"同时进行检索。

第一步，打开网站，点击高级搜索，在弹出的界面中进行如图7-40所示的设置，然后单击"Search"按钮。

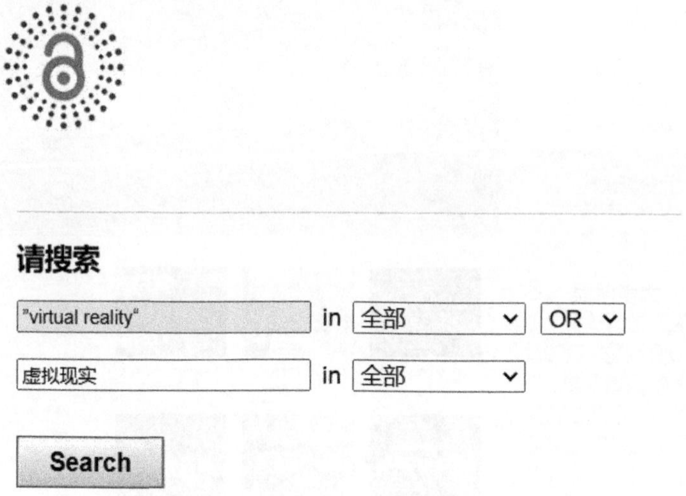

图7-40　OALib高级检索界面

第二步，在检索结果中点击需要的文章标题后［pdf］即可下载。也可以点击文章标题进入文章详情页面，查看文章的DOI、关键词、摘要等题录信息。

2. DOAJ

DOAJ由瑞典的隆德大学图书馆创建，网址是http://www.doaj.org。通过DOAJ，用户可以对大量的OA期刊论文进行一站式检索，并根据系统提供的链接免费下载全文。

3. arXiv

arXiv美国预印本文献库，是美国国家科学基金会和美国能源部资助的项目，于1991年在美国洛斯阿拉莫斯国家物理实验室建立的电子印本仓储。从2001年起，由康奈尔大学维护和管理，随着用户和提交量的急剧增长，其覆盖领域也从单一的物理理论扩展成为涵盖数学、计算机科学、生物学和统计学等的重要开放存取知识库。

4. 中国科技论文在线

中国科技论文在线作为中国首家OA机构库于2003年10月正式开通运行，对推动国内OA进程具有里程碑的意义。2010年5月，中国科技论文在线OA在线资源集成平台正式推出，集合国内外OA仓储信息，收录并实时更新各学科领域OAJ论文，提供多种浏览和检索方式，创建了一个拥有海量OA资源的一站式服务平台。

该平台提供多种浏览和检索方式，可按照论文题目、期刊题目、作者姓名、作者单位、出版社等多种字段进行高级检索，或进行全文检索，方便科研工作者从海量资源中快速定位所需论文。此外，平台还对国内外开放存取运动的兴起与发展进行详细介绍，并及时更新开放存取运动的最新动态，为不同用户了解OA提供了良好的信息资源。

7.6 搜索引擎发展趋势

未来，搜索引擎将重点朝以下几个方面发展。

1. 社会化搜索

传统搜索技术强调搜索结果和用户需求的相关性，社会化搜索除了相关性外，还额外增加了一个维度，即搜索结果的可信赖性。通过用户的社会关系，提供更可靠，更值得信任的搜索结果。例如，当前某些社交平台上的"朋友在看""朋友在搜"等。

2. 实时搜索

随着微博、微信等自媒体平台的兴起，越来越多的突发事件首次发布在微博、微信上,这对搜索引擎的实时性要求日益增高。实时搜索突出特点是时效性强,其核心强调的就是"快"。

3. 个性化搜索

个性化搜索的核心是根据用户的网络行为,建立一套准确的个人兴趣模型。而建立这样一套模型,就要全面收集与用户相关的信息,包括用户搜索历史、点击记录、浏览记录等内容。个性化的搜索结果是搜索引擎总的发展趋势,但现有技术还存有很多问题,例如,用户个人隐私的泄露、用户兴趣的变化、严重依赖历史信息、结果多样性不足等。

4. 跨语言搜索

Google目前已经提供多种语言之间的跨语言搜索,目前主流的跨语言搜索方法有3种:机器翻译、双语词典查询和双语语料挖掘方法。对于一个全球性的搜索引擎来说,具备跨语言搜索功能是必然的发展趋势。

5. 情境搜索

情境搜索是融合了多项技术的产品,所谓情境搜索,就是能够感知人与人所处的环境,针对"此时此地此人"来建立模型,试图理解用户查询的目的。其根本目标还是要理解人的信息需求。

第8章

个人知识管理

8.1 知识

8.1.1 知识的定义

知识是人们日常生活中经常使用的词语和概念,人们进行学习就是为了获得知识;在工作中为了解决问题、进行决策,需要使用知识;创新则是生成新知识。但是要想对知识做出一个众所公认的确切定义还是很困难的。由于知识是一个内涵丰富、外延广泛的概念,对于知识的定义,不同学科有不同的说法,同时知识又是一个发展中的概念,不同历史时期人们也会有不同的理解。下面是一些常见的知识定义。

《汉语大词典》对知识的解释是"人类认识自然和社会的成果或结晶"。

《现代汉语词典》把知识定义为"人们在改造世界的实践中所获得的认识和经验的总和"。

马克思主义哲学认为,知识的本质在于它从社会实践中来,社会实践是一切知识的基础和检验知识的标准。

从经济学角度来看,知识是人类劳动的产品,是具有价值与使用价值的人类劳动产品。知识是一种生产要素,是一种无形资产。

从信息的角度来看,知识是同类信息的累积,是为有助于实现某种特定目的而抽象化和一般化了的信息。但也有人认为,知识乃是人对一系列相关信息所产生的反应,知识存在于人而不存在于信息集合之中。

在探讨知识管理时,可以采用中国国家科技领导小组办公室在《关于知识经济与国家基础设施的研究报告》中,对知识经济中的知识做出的定义:

"知识乃是经过人的思维整理过的信息、数据、形象、意象、价值标准以及社会的其他符号化产物,不仅包括科学技术知识(这是知识中的重要组成部分),还包括人文、社会科学的知识,商业活动、日常生活和工作中的经验和知识,人们获取、运用和创造知识的知识,以及面临问题做出判断和提出解决方法的知识。"

8.1.2 知识的特征

前面列举的知识各种定义,从不同侧面说明了知识的性质和特点。大家不必刻意去追求一种统一的定义,不妨从下面几方面去理解知识的本质:

(1)知识是人类在实践中获得的有关自然、社会、思维现象与本质的认识的总结。

(2)知识是具有客观性的意识现象,是人类最重要的意识成果。

(3)一般来说,信息是知识的载体。其中的一部分需要借助于物质载体才能保存与流通。

(4)从静态来说,知识表现为有一定结构的知识对象;从动态来说,知识是在不断地流动中产生、传递和使用的。

最后这一点表明,知识既可看作一种对象,又可看作一种过程,就像人们对于光的认识,既可以从它的微粒性着眼,又可以从它的波动性着眼一样。也可以这样说:在任何时刻,都有知识存量;在任何时间段内,都有知识流量。

知识作为人类的一种特定的精神产品,具有下列特征:

(1)知识是可以存储的,有一些存储于信息的载体(如书刊、半导体或磁性存储器)之中,有一些存储在人的头脑之中,载体是多式多样的。

(2)知识是可以越过时空传递的,过去的知识可以流传到现在,一地的知识可以传递到其他地方。

(3)知识是可以传播和分享的,一个人掌握了某种知识,不排除其他人也可同时掌握这些知识,而物质产品就不具备这一特征。

(4)知识是可以再生的,具有无限复制扩散的能力。

(5)知识是可以重复使用的,不存在损耗。

(6)知识具有相对性,某一项知识只在特定的时期内或在特定的环境下,对特定的对象才是有效的。例如,某一年春节铁路运输的车次安排和售票临时规定之类的知识,只当年才有效,过期就失去了它的有效性。因此对某一项知识来说,也有它的生命周期。

8.1.3 知识的类型

知识按照不同的分类法,可以分成不同的类型。这里列举一些常见的划分方法。

按照经济合作与发展组织(Organization for Economic Co-operation and Development,

OECD）报告的分类法，为了有利于经济分析，把知识分成如下四类：

（1）"知道是什么"（know-what）的知识，指的是关于历史事实、经验总结、统计数据的知识，这类知识与通常所说的信息很难区分。

（2）"知道为什么"（know-why）的知识，指的是那些自然、社会和人的思维运动的法则和规律的科学知识。这些知识和经济活动的联系并不是直接的，但在多数产业中，需要它支持技术的发展和产品与工艺的进步。

（3）"知道怎么做"（know-how）的知识，是关于技能与诀窍方面的知识。指的是怎样做某件事情的能力。它与生产相关，但也与经济领域中（如经营管理等）其他很多活动相关。工人熟练操作复杂的机器也需要这类知识。应该提到的是，不仅从事实践工作的人需要这类知识，科学家也需要这类知识。

（4）"知道是谁（know-who）的知识，包括关于谁知道什么以及谁知道怎样做什么的信息。特别是它还包括与有关专家形成的特殊社会关系，以便可能获得并有效利用这些专家的知识。

前两种知识是可以用语言文字表达的，在书籍、杂志、报纸、设计文件、图纸等载体中包含的就是这一类知识。后两种知识中相当一部分是无法或很难用语言文字表达的。正是由于知识在能否用语言文字表达上的区别，可以把知识分成如下两类：

（1）"显性知识"（Explicit Knowledge）或称"言传性知识"；

（2）"隐性知识"（Tacit Knowledge）或称"意会性知识"。

前一种知识是可以用语言文字表达的，在书籍、杂志、报纸、设计文件和图纸等载体中包含的就是这类知识。由于科学技术的发展，记录和表达的方式也越来越多，如文字、语言、数据、图形、图像和视频等，除了书刊和图纸外，磁性、半导体和光电存储设备等都是新的物质载体。对一个企业或其他组织来说，上述知识都是宝贵的知识资源。这些资源可以用语言文字传递（所以称为言传型知识）、交流和保存，其作用和影响是比较明显的。由于这类知识可以编码输入计算机，所以也有人称其为可编码的知识（Codified Knowledge）。

后一种知识包含了经验、技巧和诀窍，要靠实践摸索和体验来获得，可意会而不可言传（因此称为意会性知识更能达意一些）。国外喜欢引用哲学家波兰尼对这类知识的研究成果，他曾提出过一个基本原理："我们所知道的总是比我们说出来的多。"其实早在两千多年前，中国解释《易经》的《易传》中就说过："书不尽言，言不尽意"，也就是说，我们不可能把说得出来的都写出来，不可能把意会的东西都说出来。而这类说不出来的意会性的经验、体会就是隐性（意会性）的知识。它们之间的关系可用图8-1来表示。

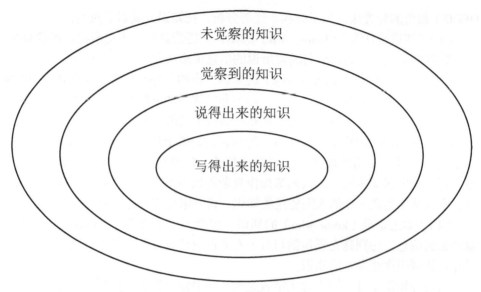

图 8-1　显性与隐性知识

从图 8-1 中可以看出，写得出来的知识仅是说得出来的知识的一部分，说得出来的知识仅是人所觉察出来的知识的一部分。在说得出来的知识之外的、人所觉察到的知识的那一部分，就是隐性（意会性）知识。实际上在隐性知识中还有一些连自己也没有觉察到的不可言传的知识，在特定的场合下，却能发挥出来。这部分知识是通过无意识学习（或称不经意学习）得来的，因此有人称其为无意识知识。隐性（意会性）知识来源于个人在生活实践过程中通过形体动作或感官接受而获的感觉与体验，如人们骑自行车和游泳就得靠亲身实践，过去手工作坊中师傅带徒弟进行像打铁、绣花等工艺操作，徒弟也是在实际劳动中观察、模仿、体验而获得技艺的。还有体育和舞蹈动作，这些都是和形体动作有关的。所有这些都很难仅用语言表达和传授。另外一些是人们在处理实际问题时，通过直觉和感悟而获得的。这类知识具有很强的个人特性，包括人的价值观和眼界以及洞察力和预见性，很难甚至根本不能通过语言表达和传递。

知识又有经验知识和理论知识之分。经验知识乃是人们在长期的劳动和生活中通过感官体验获得的有使用价值的知识，包括各种手工技艺、服务经验、生活经验、人际交往经验等。经验是人类通过生产和生活，反复实践、逐渐感知和总结事物的形态与活动的技巧而获得的，大部分不是一学就会的，需要反复地慢慢体验。经验知识多半是隐性的，但有些可以转化为显性知识。

理论知识是通过实践获得的感性材料经过归纳整理、抽象而形成概念与公理，再进一步进行逻辑演绎而形成的假说和原理。它不是由人的感官直接获得的，而是通过人的大脑对客观现象的间接反映，寻找对这些现象的解释而获得的知识。

经验知识可以通过理性思维转化为理论知识，而理论知识应用于实践还得通过实践的检验和修正。在实际生活中，理论知识的应用经常伴随着经验知识；而相对应的是：显性知识的应用经常伴随着隐性知识。在复杂的人类实践和认识过程中，两者的界限常常是无法绝对划清的。

8.2 个人知识管理

知识管理能力是个人成长的核心条件之一，个人需要通过知识管理来提升自己的工作和学习的能力，从而得到更全面的发展。

8.2.1 个人知识管理的含义

个人知识管理就是对个人的知识进行获取、组织、存储、利用和创新的管理，管理过程是在不断明确自己的知识需求的基础上，有效地识别和获取、整理和存储、集成和开发自己知识的过程。

有的学者认为，知识管理是从个人开始的。在这个基础上建立团队和组织的知识管理，然后再扩展为组织之间或更大范围的知识管理。事实确实如此，无论是个体知识工作者（如理论研究人员、律师、作家等），还是团队成员，都必须从明确自己的知识需求开始，然后收集、整理和运用这些知识，也可能在此基础之上创造新的知识。可以说个人的知识管理乃是组织知识管理的基础。

个人知识管理的主要方式之一是学习。在科学技术快速发展的形势下，不学习就很难适应工作岗位的要求。个人的学习不仅限于在校学习或培训，在实践中通过干中学、在生活中耳濡目染不经意的学习也都是学习的方式。个人的学习主要是在自己的意愿支配下进行的，组织不一定会特意安排。组织对个人的工作需求已经蕴涵着对知识、对学习的要求了。

个人学习不仅要掌握知识，而且要培养能力和创造力。掌握知识是人人都自觉认识到的，但是对于能力的培养却不那么容易自觉认识到。知识和能力既有联系又有差别。能力是在掌握和运用知识的过程中逐步形成和发展起来的，有一些能力就是学到并加以应用的隐性知识。但是能力不像知识那样一直在积累和丰富，而是在一生的某一阶段成长得比较快，而后就发展得缓慢起来甚至会减退。能力的发展要比知识的获得困难得多，现在有许多高分低能的青年，正说明了忽视能力培养的现象还大量存在，不能不引起注意。

个人学习可以增强自身的竞争力，而组织的竞争力也是在个人的优势基础上经过团队的合作逐步形成的。无论是个人学习还是组织学习，其成果就是知识的获得。获得的知识需要加以管理。实际上个人的知识管理在很久以前人们就已经不自觉地进行了。只是知识经济的发展使得人们对知识越发重视，自觉的个人知识管理也就提到日程上来了。

个人知识管理不仅是就业或创业的人才需要，在校的学生其实也需要个人知识管理，只是与知识工作者的目标和要求不同而已。

8.2.2　个人知识管理的必要性

知识经济时代，知识呈现多元化发展，传统的信息处理方式和手段相对滞后，任何人也不可能以手工的形式处理如此庞大的信息量。信息时代，充分利用信息技术和智能硬件平台，借助个人知识管理工具管理个人知识，不仅是信息过载、知识碎片化等时代因素对学习者的要求，更是学习环境、学习方式、学习模式变革对学习者的要求。

（1）个人知识管理是时代的发展需要。

大数据时代，海量数据触手可及，碎片化信息瞬时即失，人类学习面临两大挑战：信息过载和知识碎片化。如何快速获取、整合、分享、创新自己需要的知识，如何应对信息过载、知识碎片化困惑，已成为知识工作者亟待解决的问题。面对互联网信息的多源性、易得性、时效性和离散性，如何快速获取、转化、重组碎片化知识，实现随时随地对零存整取的知识管理模式，正是互联网学习环境下个人知识管理的意义所在。

（2）学习方式的变革需要个人知识管理。

大数据时代，信息过载已成为不争事实，传统的知识管理方式已无法应对当前知识经济、知识爆炸等时代因素对个体的学习要求，这更是信息技术时代学习环境、方式和模式变革对学习者的现实要求。俗话说，"工欲善其事，必先利其器"，选择和利用个人知识管理系统是应对信息过载和知识爆炸的有效对策。

（3）个人知识管理有助于提高知识利用率。

信息过载日益加剧，人人都有一个属于自己的独特的知识资源库，通过个人知识管理系统，知识工作者以最短的时间从自己的知识库中获取、重组和利用所需知识，解决现实问题，从而提高学习、生活和工作的效率。

（4）个人信息素养提升需要个人知识管理。

知识经济时代，对知识的掌握及利用程度决定个体核心竞争力的强弱，对于知识工作者而言，个人知识管理为其提供一个新旧知识整合、分享、交流和创新的高阶服务平台，通过该平台提高知识工作者的信息素养和核心竞争力。

（5）终身学习需要个人知识管理。

随着社会不断发展，作为社会的个体，为了适应社会发展或者个体发展需求，我们需要贯穿一生、持续不断、完善更新自身知识库，从而更新知识观念，适应新的社会环境，终身学习具有持续性、广泛性、普适性和全民参与性等特性。终身学习正是"学无止境"的写照，启示我们树立正确、完整、持续的学习观念，培养主动、持续、学以致用的和优化知识的良好习惯，终身学习造福终身。个人知识管理顺应了社会终身学习的学习理念，为"活到老学到老"提供平台支持。

8.2.3 个人知识管理的方法与步骤

要进行个人知识管理，首先要制定知识管理的战略，也就是明确自己需要和运用知识的最终目的是什么，为自己树立一个目标。根据这一目标，针对组织和环境对自己的要求，分析自己的优势和劣势，找出最需要建立的知识体系，以及获取知识的轻重缓急，对具体的知识管理定下方向。然后按照一定的步骤进行管理。

一般来说，可以按照下面的步骤进行：

（1）对个人的知识需求进行分析。每一位知识工作者的知识需求一方面决定于他的岗位需求，另一方面取决于他的职业规范、兴趣爱好以及环境需要等，同时还要考虑到组织中的分工协作、人际关系等。除了考虑当前需要之外，还得考虑今后进一步发展的需要。这些需要最好能够罗列出来。

（2）对所需知识进行收集。在明确知识需求之后，需要从各方面收集知识。知识可以通过直接方式（如亲自调查、当面请教和进行实验等）和间接方式（听讲、阅读和查询等）获得。现在能够获得知识的渠道很多，包括：①通过学习，包括正规学习、继续学习和培训等。对学生来说，这是主要获取知识的渠道。对于在职的知识工作者来说，知识获取途径丰富。②从各种书籍、报刊、文档和新闻媒体中学习，这是过去的主要知识来源，现在仍旧是主要来源之一。③从互联网获取知识。互联网是一个庞大的知识库，可以获得各种类型的知识，特别是最新的知识。④通过人际关系获得前面三个方面难以获得，甚至是根本无法获得的知识，其中最主要的是工作经验、个人体悟的知识，因为这些隐性知识只有通过人与人的接触才可能外化。有心人有时也能从一些道听途说、街谈巷议中获得一些知识线索。还有就是从组织的知识库中直接获得知识，这是最便利的方法。

（3）进行知识的组织与存储。人们不可能一次性地获得全部所需的知识，在不同时间内获得的零星片段的知识需要组织整理，使其归类或者系统化。其实就是过滤的问题，去掉重复的、无用的知识。散在各处的、在不同时期得到的知识经过组织整理，还要采取有效的方式和工具加以存储备用。这时需要选择适当的个人知识管理支持工具。

（4）进行知识集成和新知识的获得。零星片段的知识经过整理后已经可以方便地取用，但是针对使用者特定的需要，还必须挑选出所需的知识加以集成，形成整体。另外在解决问题的过程中，当现有的知识不足时，还得通过知识的发现和创新，获得新知识。尽管知识发现和新知识的生成离不开群体，但是真正实现还是在于知识工作者个人。

（5）进行知识交流与共享。在个人知识管理的基础上可以进行知识的交流，做到知识共享。由于个人知识已经得到整理，所以传播交流都很方便。

（6）对知识管理不断进行评估。需要不断结合自己的工作和学习，进行个人知识管理的评估，发现不足之处及时纠正和改进，过时的和无用的知识要及时清除。

8.2.4　个人知识管理需要的技巧

进行个人知识管理通常需要下列七种技巧：

（1）检索信息的技巧。在个人知识管理中，检索信息的技巧既包括技术要求很低的向他人提问题、听回答的技巧，也包括充分利用互联网的搜索引擎、电子图书馆的数据库和其他相关数据库查找信息的技巧。为充分掌握检索信息的技巧，个人有必要对搜索的概念、搜索的算法、搜索的技能等有一定的了解。

（2）评估信息的技巧。这种技巧不仅指可以判断信息的质量，而且还指必须能判断这种信息与自己遇到的问题的相关程度。在评估信息和知识的时候，个人没有必要去了解计算机评估信息的机理，而应将评估的准则放在可信度、准确度及相关支持等方面。可信度一般根据对作者的置信度、质量保证依据、元信息等来判定；准确度可从时间界限、综合性、信息面向的对象及其使用的目的性、合理性等方面来确定；相关支持则是指信息文本的索引目录、参考文献等。

（3）组织信息的技巧。组织信息，需要过滤无用和相关度不大的信息资源，有效地存储信息，建立信息之间的联系，以便于以后的查找和使用。有效组织信息的原则是：无论环境怎样，组织起来的信息应该便于有效的利用。这种技巧会牵涉到用不同的工具把各种信息组织起来。在手工操作的环境中，我们会用文件夹、抽屉和其他比较原始的方法来组织信息。在现代高科技环境中，可以用电子文档、数据库和网页，或者用专门的知识管理软件来组织信息。

（4）分析信息的技巧。分析信息就必须牵涉到如何对数据或文本进行分析并从中得出有用的结论。常用的分析信息的方法是建立和应用模型，通过大量的数据分析从而得出信息间的关系。电子表格、统计软件、数据挖掘与文本挖掘软件等提供了分析信息的方法，但在建立各种使用分析软件模型的工作中，人的作用还是最重要的。

（5）表达信息的技巧。通过表达信息，可以实现隐性知识向显性知识的转化，使个人知识在交流、共享中得到升华。信息的表达，无论是通过屏幕图形演示、网站，还是通过文本，大部分的工作应该围绕如何让其他人理解和记忆，并能与自己进行互动来进行。因此，可视化技术的应用是很重要的。

（6）保证信息安全的技巧。虽然保证信息安全的技巧与个人知识管理中其他的六种技巧有所不同，但这并不表明保证信息的安全就不重要。保证信息的安全涉及开发与应用各种保证信息的秘密、质量和安全存储的方法和技巧。常用的密码管理、备份、档案管理都是保证信息安全常用的方法。

（7）信息协同的技巧。信息技术的发展为组织和部门的协同工作提供了强有力的支持。例如，通过小组或团队的形式组织交流和学习，领导、专家和一般成员在讨论与交流的基础上可以对一些要解决的问题进行协同工作，交流和共享彼此的观点和知识。有效地利用这种技术不仅要求会使用有关的方法，而且要求充分理解协同工作的各种原则及其内容。

8.3 个人知识管理的工具

如今，越来越多的人开始认识到知识管理的重要性，一款好用的知识管理工具往往能让人如虎添翼，大大提高知识管理的效率和质量。这里介绍几类常用的知识管理工具。

8.3.1 本地资源搜索管理类

学会使用功能强大的本地搜索软件，可以大大提高第一时间找到资料的概率，从而极大地节省时间，提高工作和学习的效率。

Everything是速度最快的文件名搜索软件之一，数百GB硬盘的几十万个文件，可以在几秒之内完成索引，瞬间呈现文件名搜索结果。它小巧免费，使用简单，占用系统资源极少，支持中英文搜索，是非常好用的本地搜索工具。需要注意的是，它只搜索文件名，不能搜索文件内容。Everything与完善的个性化文件分类命名系统结合使用，非常节省时间（图8-2）。

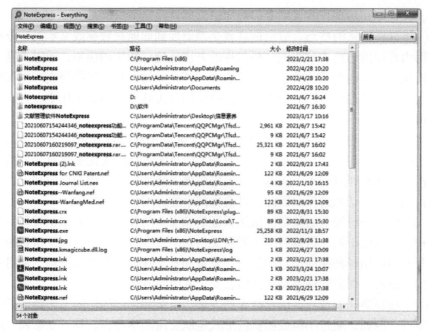

图 8-2　Everything 软件示例

8.3.2　知识体系梳理类

做个人知识体系梳理和深化，推荐借助思维导图工具。思维导图是一种将放射性思考具体化的方法，可以作为一种记忆策略、思维策略和学习策略，可以用来做笔记、做头脑风暴、整理思路，最终形成条理清晰、逻辑性强的成熟思维模式。比如你可以在知识管理工具中存储一张关于知识分类索引的导图，每个文件夹包括什么内容，在什么位置，有什么标签，这样在你找的时候就容易多了（图 8-3）。

有多种思维导图工具可供选择，下面列举了一些常见的思维导图工具。

（1）免费好用：百度脑图、爱莫脑图、幕布、XMind。

（2）方便快捷且免费：ZhiMap、Gitmind。

（3）功能强大：ProcessOn、MindMaster、亿图图示。

（4）极简主义&只专注内容：MindLine。

没有完美、一应俱全的思维导图工具，易上手、好用、适合自己就是好的，可以根据自己的需要选择使用。

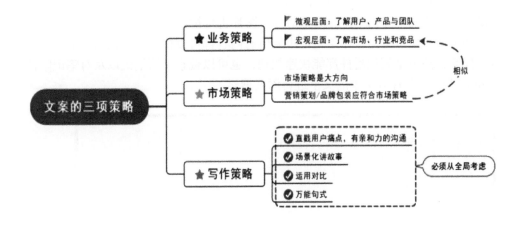

图 8-3　思维导图示例

8.3.3　笔记管理类

在无纸化时代，相比手写笔记，电子笔记容易存储，美观整洁，可以电脑端、手机端同步保存，手机端更是携带方便，随时随地都能使用。目前有多款笔记类软件可供选择，例如印象笔记、有道云笔记、OneNote、为知笔记等。

下面以印象笔记为例介绍笔记管理类软件的主要功能。

使用印象笔记可以在多种设备和平台间无缝同步每天的见闻、思考与灵感，一站式完成信息的收集备份、永久保存和高效整理。无拘无束，随时随地保持高效。印象笔记具有以下几种特色功能（图8-4）：

（1）支持所有设备。手机、电脑、平板全平台支持，只要登录印象笔记账户，就能随时同步笔记资料；还可以设置离线笔记本，实现离线访问。

（2）一键保存网页。无论是微信文章、微博动态或是网页内容，都能一键保存至印象笔记，并能随时随地查看和编辑。

（3）管理任务清单。内置清单功能，支持添加任务、创建清单列表、设置提醒，还可以将任务关联笔记，直观便捷地管理待办事项，帮助保持专注与高效。

（4）快速梳理思路。用思维导图进行头脑风暴或信息梳理，激发灵感，高效梳理思路。支持将导图笔记一键切换为大纲笔记，还能在导图中与笔记巧妙联动，让信息串连起来，或是一键为笔记本生成思维导图目录，高效联结相关信息资料。

（5）文档识别扫描。快捷清晰扫描所有纸张，无须动手即可将名片、文件、书刊等一切纸张扫描保存，更可对纸张文字进行OCR智能识别，边拍边识别并提取图片中的文字存入笔记，或是对已有图片进行批量识别保存。

（6）智能搜索笔记。印象笔记中的所有内容都可以搜索到，包括笔记、笔记本、标签，甚至是笔记附件都能快速找到；也可以搜索手写笔记以及对笔记附件（Word、PPT、图片等）中的文字进行深度搜索。

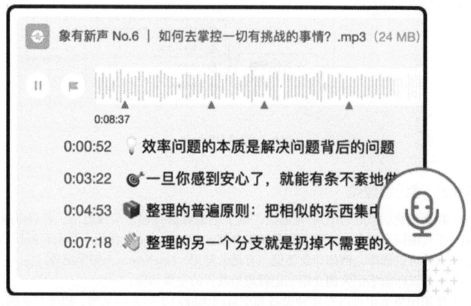

图8-4　印象笔记示例

8.3.4　文献管理类

管理文献是每个科研人都必须做的事情。但随着阅读量的增加，面对几十甚至上百篇文献，单纯靠自己的记忆来整理文献是一件不太可能的事情。因此需要一款合适的软件来帮助我们进行文献管理，提高科研效率。比较热门的文献管理软件有Endnote、Zotero、Mendeley和NoteExpress。

这里以NoteExpress为例介绍文献管理软件的主要功能。

（1）从硬盘本地文件中将用户以前搜集的各种文献资料题录导入NoteExpress所定义的数据库中，从而形成个人的参考文献数据库。

（2）支持万方、维普、CNKI、EI、Elsevier Science Direct、ACS、OCLC等文献数据库，检索结果能够保存到特定目录中，供平时研究时使用。

（3）对检索结果进行多种统计分析，从而使研究者更快速地了解某领域里的重要专家、研究机构、研究热点等。

（4）具有附加笔记功能，可以为正在阅读的题录添加笔记，并把笔记和题录通过链接关联起来，方便以后阅读。任意格式的附件和文献全文、笔记与附件功能结合，可以把该软件作为个人的知识管理系统。参考文献的全文也可作为题录或者笔记的附件来保存。

（5）按照不同的出版要求格式输出参考文献。NoteExpress的核心功能之一就是在学术论文、专著或研究报告等的正文中，按照国际通行惯例、国家制定的各种规范、期刊要求的规范（可由用户自己编辑规范），在正文中的指定位置添加相应的参考文献注释或说明，进而根据文中所添加的注释，按照一定的输出格式（可由用户自己选择），自动生成所使用的参考文献、资料或书目的索引，并添加到指定位置（图8-5）。

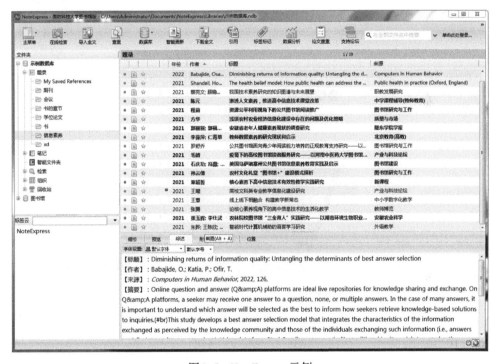

图8-5　NoteExpress示例

8.3.5　知识协作类

个人知识管理固然重要，团队协作更容易碰撞出新的火花，然而对团队文档知识库的管理本身却是件极其耗费时间精力的事情。相比个人文档管理，团队文档管理更是难上加难。除了文档的整理归类、安全存储，还涉及权限管理、文档协作等更多的需求。这时，一款好用的协作文档工具往往能给团队知识管理带来极大的便利。

顾名思义，协作文档就是能多人协作的文档。它支持多人协同编辑、实时看到他人的改动、自动在线保存、多端自动同步等功能，拥有节约设备空间、方便团队协作以及轻量化移动办公等优势（图8-6）。协作文档的主要功能如下：

（1）多人同时编辑同一个文件，协作效率大增。

（2）云端存储，永不丢失，不占本地内存。

（3）编辑自动保存更新，每次查看都是最新文件。

（4）轻松管理协作者权限，避免文件泄露。

（5）随时回溯历史记录，可找回之前任意版本；等等。

图8-6　协作文档截图

目前，国内主流的协作文档工具包括石墨文档、腾讯文档、金山文档、WPS云文档等，不同工具的侧重点和提供的功能都有所区别，也没有最好而言，适合自己和团队知识管理需求的就是最好的。

第9章

学位论文写作

9.1 学位论文概述

9.1.1 学位论文的概念

学位论文是学位申请者为获得学位而提交的学术论文,集中反映了学位申请者的学识、能力和所做的学术贡献,是考核其能否毕业和授予相应学位的基本依据。学位论文是学术论文的一种形式。学位论文根据所申请的学位不同,又可分为学士学位论文、硕士学位论文、博士学位论文三种。

学士论文应能表明作者确已较好地掌握了本门学科的基础理论、专门知识和基本技能,并具有从事科学研究工作或担负专门技术工作的初步能力。硕士论文应能表明作者确已在本门学科掌握了坚实的基础理论和系统的专门知识,并对所研究课题有新的见解,有从事科学研究工作或独立担负专门技术工作的能力。博士论文应能表明作者确已在本门学科掌握了坚实宽广的基础理论和系统深入的专业知识,并具有独立从事科学研究工作的能力,在科学或专业技术上做出了创造性的成果。

学位论文写作是本科生和研究生从事科学研究活动的主要内容,也是检验其学习效果、考察其学习能力、科学研究能力及学术论文写作能力的重要参照。其中,硕士和博士学位论文是有很高利用价值的科技文献,与其他类型文献相比,这两类学位论文具有选题新颖,理论性、系统性较强,阐述详细的特点,其参考文献多且全面,有助于对相关文献进行追踪检索,是了解国内外科技研究现状和发展趋势的重要信息资源。

9.1.2 学位论文写作的基本要求

学士学位论文侧重于科学研究规范的基本训练,综合考查学生运用所学本专业的理论、知识、技能分析和解决实际问题的能力。学士学位论文写作的目的和要求是通过论文的写作,反映出作者运用所学的基本理论与知识,分析本学科某一问题的水平和能力，并通过论文的开题与写作，进一步培养学生独立分析问题和解决问题的方法和能力，学习学术研究的方法，为将来从事实际工作或学术研究打下基础。

硕士学位论文要求对研究课题有新的见解。硕士学位论文的写作是培养学生独立科研能力和实际工作能力的有效手段，论文应该反映出作者较高的分析能力和解决本学科基本理论及专业问题的水平和能力，同时，也应体现出一定的科研成果。

博士学位论文要求有更高的学术水平，必须在某一学科领域或专门性技术中取得创造性的研究成果。

9.1.3 学位论文写作的基本原则

通常来说，客观公正、论据翔实、论证严密等是学位论文写作的基本原则。具体来说，学位论文在写作时要遵循的原则主要包括以下几点：

（1）理论客观，具有独创性。

文章的基本观点必须来自具体材料的分析和研究，所提出的问题在某专业学科领域内有一定的理论意义或实际意义，并通过独立研究，提出自己一定的认知和看法。

（2）论据翔实，富有确证性。

论文能够做到旁征博引，多方佐证，对于所用论据要表明自己持何看法，有主证和旁证。论文中所用的材料应做到有理有据、准确可靠、精确无误。

（3）论证严密，富有逻辑性。

作者提出问题、分析问题和解决问题，要符合客观事物的发展规律，全篇论文形成一个有机的整体，使判断与推理言之有序、天衣无缝。

（4）论点明确，标注规范。

论文必须围绕论点形成全文的结构格局，以多方论证的内容组成文章的整体，以较深的理论分析辉映全篇。此外，论文的整体结构和标注要求规范得体。

（5）语言准确，表达简明。

论文最基本的要求是读者能看懂。因此，要求文章想得清，说得明，想得深，说得透，做到深入浅出、言简意赅。

9.2 学位论文写作的基本流程

1. 选定主题

选题是学位论文写作的起点，选题是否恰当，从一定意义上来说，决定了论文质量的高低，甚至关系到论文的成败。因此，选题工作是论文写作关键性的第一步。通常情况下，本科生一般在大四下学期初开始策划选题。

主题是论文所要表达的中心思想，是全文思想内容的高度概括和集中表现，论文的材料取舍、结构安排、论点、论证、结论等都要服务于主题。主题应具有鲜明、集中、深刻、新颖的特点，贯穿于论文始终，需要应用充分的例证、数据、结果及引用文献对主题进行明确、突出的论证和表达。

一般来说，论文选题须遵循以下几条基本原则：

（1）创新性原则。

选题必须具有创新性或先进性，要选择前人没有解决或没有完全解决的问题，不能只重复前人做过的工作，创新性一般体现在以下几个方面：①理论方面的创新见解，如某些理论方面的独创见解和这些见解的依据；②应用方面的创新技术，如新发明、新技术、新产品、新设备等；③研究方法方面的创新性，如研究方法方面的改进或突破等。

（2）可行性原则。

可行性是指实现研究课题的主要技术指标的可能性。影响可行性的因素有：主观条件，包括作者的知识素质结构、研究能力、技术水平等；客观因素，包括实验条件、经费、资料、时间和设备等。一般选题不宜过大，涉及的知识面不宜过广，最好选择符合自己能力和精力的课题。

（3）科学性原则。

科学性原则包括三个方面的含义：其一，要求选题必须有依据，其中包括前人的经验总结和个人研究工作的实践，这是选题的理论基础；其二，选题要符合客观规律，违背客观规律的课题就不是实事求是，没有科学性；其三，科研设计必须科学，符合逻辑，科研设计包括专业设计和统计学设计，前者主要保证研究结果的先进性和实用性，后者主要保证研究结果的科学性和可重复性。

2. 资料搜集

搜集资料要始终围绕选定的论文主题进行，一定要有目的性，要有所针对并有所取舍。在搜集资料的过程中应注意以下几点：

（1）资料收集要有目的性。

（2）搜集资料要全面，有重点。

（3）尽可能搜集第一手资料。

（4）资料的收集、整理应规范化。

（5）采用现代化的资料搜集方法和手段。

3. 论文开题

学位论文和一般学术论文的重要差别之一是开题报告，它是对论文选题进行检验和评估认定的过程。学位论文的选题是否具有学术价值和新颖性、是否能够反映作者的专业科研水平,以及论文的观点是否成熟等,均要通过开题报告来考查。开题报告经审查小组审核确认后,才能正式开始论文的写作。不同学校或专业对开题报告的内容和结构有不同的要求,一般包括以下几方面内容:

(1)论文题目、题目来源、论文属性、拟采取的研究方法。
(2)选题动机和意义。
(3)本课题国内外研究情况综述或主要支撑理论、发展趋势。
(4)研究内容、结构框架、研究特色和创新点。
(5)主要参考文献。
(6)论文写作计划。

4. 拟定提纲

开题之后,正式写作论文之前应先搭建论文提纲。提纲是对研究课题的总体构思,论文的指导思想、基本框架、整体结构、总的论点和各部分的布局及观点都应通过提纲反映出来。因此,要求作者在具体制定提纲时,首先应对论文的全部问题进行周密的思考,提出论点、论据,安排材料的取舍,力求使提纲在整体上体现论文题目的目的性。其次,要从各个方面围绕主题编写提纲,既突出重点和主要内容,又适当地照顾全面,明确各部分在整篇论文中所占的比重及相互关系,使论文内容和题目紧密衔接起来。

5. 撰写初稿

论文提纲完成后,与指导教师共同就论文的结构、顺序及逻辑性等关键问题进行研究和推敲,即可着手撰写论文初稿。写作阶段是作者对选题进行系统深入研究的阶段,是在原有的研究基础上升华的阶段。撰写初稿要紧紧围绕主题,按提纲的编排进行撰写。写初稿要纵观全局,开头提出观点,展开讨论,恰如其分地使用论据、论证,并力争篇幅简短,段落、层次清晰,重点突出,论点明确,论证充分而恰当,结论切题,语言流畅、简练、逻辑性强。

6. 修改定稿

修改论文应本着严肃而认真的态度,不厌其烦,精益求精。在修改过程中,可请他人批评指正。修改工作包括结构修改、内容修改、段落修改、句子修改、文字和标点符号修改、图标修改,以及引文、参考文献等的检查核实。

综上所述,学位论文从构思到完成一般都要经过选题、搜集资料、编写开题报告、拟定提纲、撰写初稿和修改定稿等步骤。论文质量的高低与作者对每个阶段的把握程度有直接的关系。一篇好的学位论文应该做到观点正确、有独创性、结构严谨、逻辑性强、层次清楚、引文正确、语言流畅,并具有一定的深度和广度。

9.3 学位论文写作中的文献调研

文献调研指对某学科领域相关的各类文献进行全面、系统的搜索，以掌握该领域所有的相关文献。文献调研过程中，通过全面的文献检索和阅读，有助于发现新的研究视角，开阔研究思路，避免走弯路，提高研究的有效性。利用信息检索的相关方法和技术，可以顺利而迅速地完成文献调研过程。

9.3.1 文献调研过程

文献调研过程包括确定两个阶段，即确定主题后的文献调研，以及确定题目后的文献调研。

（1）确定主题后的文献调研。确定主题后，需要进行泛调研，以了解课题主题的概貌。具体包括：尽可能完整地收集该领域的所有文献，包括期刊论文、会议论文、学位论文、专利、研究报告等；对收集到的文献进行泛读，重点阅读文章的摘要、引言和结论，以了解热点、前沿、新颖点，收集规范词、同义词，并结合实验室研究背景、当前研究热点以及自身兴趣点，确定研究题目。泛调研期间对确定主题相关文献进行全面的把握，主要可利用各种文摘索引、书目数据库（如 Web of Science）。

（2）确定题目后的文献调研。确定题目后，需要进行精调研，重点关注与题目相关的理论及研究方法。为此，要有针对性地查找，利用文摘索引数据库和全文文献，掌握"经典前沿"的文献，即针对确定的内容，收集经典前沿的期刊论文、会议论文、学位论文、专利、成果等，并采取泛读和精读相结合的文献阅读方式，提取有帮助的研究方法和研究观点。在此基础上，确定课题实施方案，以在技术或方法上进行创新。

文献调研过程中应注意以下事项：

（1）要查询学位论文库。这可以说是对学位论文新颖性的要求。前面提到，学位论文不同于一般的学术论文，一般的学术论文只要在观点或阐述等方面有所创新或突破即可成文或发表，但学位论文要求学术性，如果一个学位论文的选题是他人已经作为学位论文写过的，或他人已在学位论文写作中发挥得极为充分，就极不利于后来者论文的学术性体现。所以撰写学位论文之前，一定要尽可能地查询相关的学位论文数据库，尤其是本校或本国其他设立该专业的院校的学位论文，尽量避免相同或相近的选题，保证论文的新颖性。因学位论文属于半公开的出版物，所以学位论文很难查全。目前世界上较为著名、收录各国学位论文较多的数据库是"ProQuest 博硕士论文数据库"（PQDT，原名 PQDD）。我国目前较大型的学位论文库是由CALIS牵头建设的"高校学位论文库",其他还有中国学术期刊电子杂志社的"中国优秀博、硕士学位论文全文数据库"、万方的"中国学位论文数据库"等,以及各高校各自分布的学位论文数据库,均可作为查询工具。

(2)要选择学术性和专业性较好的数据库进行查询,并要尽量获取一次文献。学位论文写作的前提是占有充分的学术价值较高的参考文献,选择合适的、质量较高的数据库进行查询是非常必要的。同时,对一些参考文献,尤其是理工类的、实验性研究或应用研究方面的参考,一定要阅读原文才能真正了解其论点和借鉴其中的成果或数据库等,所以要尽可能地获取一次文献。

(3)应用研究或实验性、实践类的学位论文一定要查询事实型数据库。这一点是非常重要的,对某个学位论文选题,比如关于数字照相机成像原理的讨论的论文,在搜集资料时就一定要考虑相关产品的查询,要确认没有相关的专利、成果、产品等。如果只是纸上谈兵地讨论原理、机制、前景,而忽略事实型资料的查找,那么论文是不可能成功的。自然科学类的学位论文,除纯粹的基础研究或理论研究课题外,均有可能涉及事实型数据库的查询。

9.3.2 文献调研的文献收集重点

文献调研的文献收集重点如下:

(1)先看综述性论文,再看研究论文。这是因为综述性论文具有综合性、扼要性和评价性,参考文献多的特点,应作为"起步文献"加以参考利用。

(2)注重学位论文的检索和阅读。这是因为学位论文具有以下显著特点:数据图表充分详尽;参考文献丰富全面;可得到课题研究现状综述,从而可以获得课题研究的更多相关文献;可跟踪名校导师的科研进程;可以从中学习学位论文的写作方法。

(3)跟踪最新的会议文献。在文献调研过程中,需要利用会议论文数据库、学会/协会网站和专业论坛查找最新会议文献,以了解课题最新的进展动向。

(4)注重专利文献检索。这是因为专利文献出版迅速,传递信息快,能及时反映最新技术成果,而且专利文献注重技术细节的描述。

(5)注意网络资源检索。可以了解相关机构的基本信息和研究动态。对于一些产品类的项目,也可了解和掌握市场的发展情况。

(6)通过期刊评价工具,如Journal Citation Reports(JCR)数据库,检索期刊的影响因子,寻找高品质期刊。

9.3.3 文献调研过程中的文献阅读方法

文献调研过程中的文献阅读方法如下：

（1）文献相关性判断。考查主要检索词是否出现在关键字段（题名、摘要、关键词）；检索词是作为短语出现还是作为独立单词出现的；若检索词作为单词被分别检索出来，则位置越接近越好；检索词出现的频率越高越好。摘要内容是否跟自己的研究课题方向相关。

（2）文献的时效性、全面性判断。可以通过以下方式判断：查找课题的研究热点和最新研究成果；阅读综述性（Review）文献；通过阅读文后参考文献获得经典文献；注意引言中阐述研究思路及得出研究想法的原因。

（3）泛读与精读相结合的阅读方法，略读和概读多数文献，详读和精读少数文献。其中，略读指仅阅读题名、摘要的阅读方式；概读指看摘要、参考文献和引言的文献阅读方式；详读指看全文并结合自己的研究思路进行分析的阅读方式；精读指详读论文后根据自己在读文献时的问题和想法，展开查看其他的相关文献和书籍，以便弄懂相关概念和问题的阅读方式。

（4）记笔记和总结评述。阅读过程中，找一条适合自己记笔记的方法，记录或批注重要的结论、经典的句子、精巧的实验方案。及时从以下几方面进行总结和评述：论文的主题、目的；论文的前期工作分析；论文采用的研究方法、结果以及创新之处；论文可能进行改进的地方，或对我们研究的启发。通过该论文，提出自己可能的新思路，最好对文献调研过程也进行记录，建立大事记。

9.4 学位论文的基本格式及撰写要求

学位论文一般包括前置部分、主体部分与结尾部分。

9.4.1 前置部分

1. 封面

使用学校统一格式，内容一般有学校标识、论文中英文标题、申请人姓名、学号、院系、专业、指导教师、提交或完成论文时间等，具体格式可咨询学校相关老师。

2. 标题

标题概括整个论文的核心内容，应简明扼要、准确明了、引人注目。作为论文主题思想的概括，标题要用最少的文字表达文章特定的思想内容，反映研究的范围、深度、水平及价值，使读者一目了然。通常情况下，中文标题不宜超过20字。

3. 中文摘要

摘要就是用简明的语言，摘录出与论文等价的主要信息，并具有独立性和自明性的短文。摘要通常分为资料性摘要和指示性摘要。资料性摘要一般适用于研究性论文，这类摘要主要包括研究目的、方法、结果和结论四种要素，篇幅控制在250字左右为宜；指示性摘要一般适用于综述性论文，以介绍近期某学科的发展居多，而很少涉及方法和结果等内容，这类摘要通常较短，常常只有几句话。

摘要是全文的缩影，应具有独立性、全息简明性和客观性。在摘要中，不要加评论和注释，不要引用文献，不要用图表，也尽可能不要用数学公式和化学结构式。

4. 英文摘要

英文摘要的内容要与中文摘要相对应，在语言上要以英文学术表述习惯为准。

5. 关键词

关键词是指从论文中选取的，最能体现文章内容、特征、意义和价值的单词或术语，可以从研究的对象、性质和采取的方法（手段）中选取，一般可从论文的题目、摘要、小标题和结论中遴选，选取的关键词应具有代表性、通用性和序贯性。关键词一般以3~5个为宜，词与词之间用分号隔开，中文关键词同时应注有对应的英文关键词。关键词十分重要，读者可以通过对关键词的检索与解读，初步判断论文的技术范围。

6. 目录

目录既是论文的提纲，又是论文组成部分的小标题。目录页是整个论文的章节导航，在正文之前。目录一般提供到第三级，规定要标明章节的题目及页码。

要使目录真正起到文章导读的作用，需注意以下几点：

（1）准确。目录必须与全文的纲目相一致，也就是说，论文的标题、分标题与目录存在一一对应的关系。

（2）清楚无误。目录应逐一标注该行目录在正文中的页码，标注页码必须清楚无误。

（3）完整。目录既然是论文的导航，因而必须具有完整性，也就是要求文章的各项内容都应在目录中反映出来，不得遗漏。

如果论文中图表较多，图表清单可单列说明序号、图（表）和页码。

9.4.2 主体部分

1. 引言（或绪论、导论）

引言内容应包括本研究领域的国内外现状，本论文所要解决的问题，该研究工作在经济建设、科技进步和社会发展等方面的实用价值与理论意义；论文使用的理论工具和研究方法；论文的基本思路和逻辑结构等。

2. 正文

这是学位论文最重要的部分，汇聚了论文最主体的观点与材料。学科专业不同、论文的选题不同，行文及其写作方式可以有相应的不同。但最基本的原则是有根有据，言之有理，行之成文，论点鲜明，论据可靠，逻辑准确，并严格遵循本学科的国际通行的学术规范。

一般来说，学术论文正文的内容应包括以下三个方面：

（1）事实根据（通过本人实际考查所得到的语言、文化、文学、教育、社会、思想等事例或现象）。提出的事实根据要客观、真实，必要时要注明出处。

（2）前人的相关论述（包括前人的考查方法、考查过程、所得结论等）。理论分析中，应将他人的意见、观点与本人的意见、观点加以明确区分。无论是直接引用还是间接引用他人的成果，都应该注明出处。

（3）本人的分析、论述和结论等。做到使事实根据、前人的成果和本人的分析论述实现有机结合，注意之间的逻辑关系。

3. 注释

注释是对论文正文中某一特定内容的进一步解释、补充说明或引文。一般在人文科学和社会科学中用得较多。注释体例应全篇统一，由于论文篇幅较长，建议注释采用脚注（每页重新编号，前后页不连续编号）或根据学校格式要求添加；如确有需要，也可以采用尾注，将其置于正文末尾。

4. 结论

结论应是学位论文最终的、总体的结论。换句话说，结论应是整篇论文的结局，是整篇论文的归宿，而不是某一局部问题或某一分支问题的结论，也不是正文中各段小结的简单重复。论文结论应当体现作者更深层的认识，且是从全篇论文的全部材料出发，经过推理、判断、归纳等逻辑分析过程而得到的新的学术总观念、总见解。结论要求精炼、准确地阐述自己的创造性工作或新的见解及其意义和作用，还可提出需要进一步讨论的问题和建议。结论应该准确、完整、明确、精练。

结论的写作内容一般应包括以下几个方面：本文的研究结果说明了什么问题；对前人有关的看法做了哪些修正、补充、发展、证实或否定；本文研究的不足之处或未解决的问题，以及解决这些问题的可能的关键点和方向。

5. 参考文献

在学位论文后一般应列出参考文献，其目的如下：反映真实的科学依据。体现严肃的科学态度，分清是自己的观点或成果还是别人的观点或成果。对前人的科学成果表示尊重，同时指明引用资料的出处，便于检索。学位论文的撰写应本着严谨、求实的科学态度，凡有引用他人成果之处，均应按论文中出现的先后次序列于参考文献中,并且只列出正文中以标注形式引用或参考的有关著作和论文。

6. 附录

对于一些不宜放入正文中,但作为学位论文不可缺少的部分,或有重要参考价值的内容,可编入学位论文附录中,如调查问卷原件、数据、图表及其说明等。

9.4.3 结尾部分

1. 致谢

按照有关规定,致谢语句可以放在主体之后。致谢的对象有:国家科学基金、资助研究工作的奖学金基金、合同单位、资助和支持的企业、组织或个人;协助完成研究工作和提供便利条件的组织或个人;在研究工作中提出建议和提供帮助的人;给予转载和引用权的资料、图片、文献、研究思想和设想的所有者;其他应感谢的组织和个人。学位论文中的致谢主要感谢导师和对论文工作有直接贡献及帮助的人士和单位。

2. 原创新声明和使用授权说明

学校一般会提供统一的格式与内容。论文作者和指导教师在向校学位办公室、图书馆、档案馆提交论文时必须在要求签名处签字。

9.4.4 学位论文格式的其他要求

学位论文提交的形式与具体份数,视本学校规定,以备答辩委员会老师评阅。除上述论文本身,视学校规定,同期可能还会提交《毕业论文(设计)审查表》《导师评阅表》等文件。具体的填写方法与放置顺序还是要以学校的要求为准。学位论文的内容齐备后,对于纸制论文的装订打印也应遵从学校的具体规定。

9.5 参考文献标准

参考文献是为撰写论文或论著而引用的有关期刊论文和图书资料等。它的质量和数量是评价论文质量和水平的重要指标,也能反映论文的起点、深度以及科学依据。对于大学生学位论文来说,参考文献是指作者在撰写学位论文过程中查阅、参考过的著作、报刊及其他形式的文献资料,它们按照规范的格式列在学位论文的末尾。

9.5.1 著录参考文献的目的

著录参考文献的目的如下:

(1)可以反映论文作者的科学态度和论文的真实性、科学性,也可以反映出该论文的起点和深度。

（2）能方便地把论文作者的成果与前人的成果区别开来，这不仅表明了论文作者对他人劳动的尊重，而且免除了抄袭、剽窃他人成果的嫌疑。

（3）能起索引作用。读者通过著录的参考文献，可方便地检索和查准有关文献资料，以对该论文的引文有更详尽的了解。

（4）有助于科技情报人员进行情报研究和文献计量学研究。

（5）有利于控制论文篇幅。

9.5.2 著录参考文献的原则

参考文献的引用应遵循"准确、规范、合理"的原则，具体要求如下：

（1）参考文献应严格按照规范格式著录，并按被引用的先后顺序排列。

（2）直接引用原文的需要用双引号括起来，并标明出处。

（3）对于数据、指标，需要准确引用，标明来源并做注释。

（4）引用的观点需要重新总结，在论文中用自己的语言再描述一遍，并做注释。

（5）要适当引用和合理使用。适当引用是指引用的部分不能修改引用作品的主要部分或实质部分，应忠实作品原意，不能随意歪曲或篡改。合理使用是指引用的目的仅限于介绍、评论某一作品或者说明某一问题，而且是他人已经发表了的作品。

（6）引用文献不是罗列条目、堆砌数量，要体现必要性原则。

9.5.3 参考文献的著录规范

按在正文中出现的先后次序列于文后，著录格式应当遵从国家标准《信息与文献 参考文献著录规则》（GB/T 7714—2015）。参考文献的序号左顶格，并用数字加方括号表示，如［1］、［2］、……参照ISO690及ISO690-2，每一参考文献条目的最后均以"."结束。

文献类型和标识代码如表9-1所示。

表9-1 文献类型和标识代码

文献类型和标识代码			
普通图书	M	专利	P
会议录	C	数据库	DB
汇编	G	计算机程序	CP

续表

文献类型和标识代码			
报纸	N	电子公告	EB
期刊	J	档案	A
学位论文	D	舆图	CM
报告	R	数据集	DS
标准	S	其他	Z
电子资源载体和标识代码			
磁带（magnetic tape）	MT	光盘（CD-ROM）	CD
磁盘（disk）	DK	联机网络（online）	OL

各类参考文献条目的编排格式及示例如下：

1. 专著

著录格式：［序号］主要责任者.文献题名［文献类型标识］.其他责任者.版本项.出版地：出版者，出版年：引文页码.

示例：

［1］刘国钧，陈绍业，王凤瀛.图书馆目录［M］.北京：高等教育出版社，1957:15-18.

2. 论文集

著录格式：［序号］主要责任者.文献题名［文献类型标识］.出版地：出版者，出版年：引文页码（任选）.

示例：

［2］辛希孟.信息技术与信息服务国际研讨会论文集：A集［C］.北京：中国社会科学出版社，1994.

3. 学位论文

著录格式：［序号］主要责任者.文献题名［文献类型标识］.保存地：保存单位，年份.

示例：

［3］张筑生.微分半动力系统的不变集［D］.北京：北京大学数学系数学

研究所，1983.

4. 报告

著录格式：［序号］主要责任者．文献题名［文献类型标识］．报告地：报告会主办单位，年份．

示例：

［4］冯西桥．核反应堆压力管道与压力容器的 LBB 分析［R］．北京：清华大学核能技术设计研究院，1997.

5. 期刊文章

著录格式：［序号］主要责任者．文献题名［文献类型标识］．刊名，年份，卷（期）：引文页码．

示例：

［5］何龄修．读顾城《南明史》［J］．中国史研究，1998（3）：167-173.

［6］金显贺，王昌长，王忠东，等．一种用于在线检测局部放电的数字滤波技术［J］．清华大学学报（自然科学版），1993，33（4）：62-67.

6. 论文集中的析出文献

著录格式：［序号］析出文献主要责任者．析出文献题名［文献类型标识］//原文献主要责任者（任选）．原文献题名．出版地：出版者，出版年：析出文献起止页码．

示例：

［7］钟文发．非线性规划在可燃毒物配置中的应用［C］//赵玮．运筹学的理论与应用——中国运筹学会第五届大会论文集．西安：西安电子科技大学出版社，1996：468-471.

7. 报纸文章

著录格式：［序号］主要责任者．文献题名［文献类型标识］．报纸名，出版日期（版次）．

示例：

［8］谢希德．创造学习的新思路［N］．人民日报，1998-12-25（10）．

8. 国际、国家标准

准著录格式：［序号］主要责任者．标准名称：标准编号．［文献类型标识］．出版地：出版者，出版年．

示例：

［9］中华人民共和国国家质量监督检验检疫总局，中国国家标准化管理委员会．汉语拼音正词法基本规则：GB /T 16159—2012［S］．北京：中国标准出版社，2012.

9. 专利

著录格式：［序号］专利所有者.专利题名：专利号［文献类型标识］.发布日期.

示例：

［10］姜锡洲.一种温热外敷药制备方案：881056073［P］.1989-07-26.

10. 电子文献

著录格式：［序号］主要责任者.电子文献题名［电子文献类型／载体类型标识］.电子文献的出处或可获得地址,发表或更新日期／引用日期（任选）.

示例：

［11］王明亮.关于中国学术期刊标准化数据库系统工程的进展［EB/OL］.http://www.cajcd.edu.cn/pub/wml.txt/980810-2.html.，1998-08-16/1998-10-04.

［12］万锦坤.中国大学学报论文文摘（1983-1993）［DB/CD］.北京：中国大百科全书出版社,1996.

11. 各种未定义类型的文献

著录格式：［序号］主要责任者.文献题名［文献类型标识］.出版地：出版者,出版年.

参 考 文 献

[1] 陈英，章童.科技信息检索［M］.7版.北京：科学出版社，2019.
[2] 段明莲.信息资源编目［M］.2版.北京：北京大学出版社，2008.
[3] 郭爱章.网络应用与综合信息检索［M］.2版.北京：清华大学出版社，2014.
[4] 黄如花.信息检索［M］.3版.武汉：武汉大学出版社，2020.
[5] 黄如花，胡永生.信息检索与利用实验教材［M］.武汉：武汉大学出版社，2017.
[6] 黄泰山.我的搜主意比你多［M］.北京：北京大学出版社，2014.
[7] 李贵成，刘微，张金刚.信息素养与信息检索教程［M］.2版.武汉：华中科技大学出版社，2021.
[8] 马张华，侯汉清，薛春香.文献分类法主题法导论（修订版）［M］.北京：国家图书馆出版社，2009.
[9] 明均仁.信息检索［M］.武汉：华中科技大学出版社，2021.
[10] 童锡骏，夏丽萍，王卫星.网络资源与信息检索［M］.北京：北京师范大学出版社，2011.
[11] 汪楠，成鹰.信息检索技术［M］.4版.北京：清华大学出版社，2020.
[12] 王荣民，杨云霞，宋鹏飞.科技信息检索与论文写作［M］.北京：科学出版社，2020.
[13] 王细荣，吕玉龙，李仁德.文献信息检索与论文写作［M］.上海：上海交通大学出版社，2009.
[14] 王众托，吴江宁，郭崇慧.信息与知识管理［M］.2版.北京：电子工业出版社，2014.
[15] 肖希明.信息资源建设［M］.武汉：武汉大学出版社，2008.
[16] 姚中平，张善杰，李军华.现代信息检索［M］.上海：上海交通大学出版社，2019.
[17] 叶春蕾，陈娜，林莉.信息检索与知识利用［M］.北京：中国农业科学技术出版社，2019.
[18] 周建芳.信息素养与信息检索［M］.3版.北京：科学出版社，2021.
[19] 朱丹.超级搜索术:帮你找到99%问题的答案［M］.北京：电子工业出版社，2020.